语文教学方法创新研究

李 川◎著

吉林出版集团股份有限公司

图书在版编目（CIP）数据

语文教学方法创新研究 / 李川著. — 长春：吉林
出版集团股份有限公司，2024.4
ISBN 978-7-5731-4688-5

Ⅰ．①语… Ⅱ．①李… Ⅲ．①语文教学－教学研究
Ⅳ．①H193

中国国家版本馆 CIP 数据核字（2024）第 058314 号

语文教学方法创新研究
YUWEN JIAOXUE FANGFA CHUANGXIN YANJIU

著　　者　李　川

责任编辑　曲珊珊

封面设计　林　吉

开　　本　710mm×1000mm　　1/16

字　　数　184 千

印　　张　12.75

版　　次　2024 年 4 月第 1 版

印　　次　2024 年 4 月第 1 次印刷

出版发行　吉林出版集团股份有限公司

电　　话　总编办：010-63109269
　　　　　发行部：010-63109269

印　　刷　廊坊市广阳区九洲印刷厂

ISBN 978-7-5731-4688-5　　　　　　　　　定价：78.00 元

前　言

　　教育既是一门科学，又是一门艺术。学科教育学不仅要研究学科的教学理论问题，而且要从教育学的基本原理出发，从培养人的高度来讨论学科教育的问题。在人的智力结构中，思维居于核心地位，是整个智力活动的最高调节者，给各种智力活动以深刻的影响。人类依靠思维能力去认识世界、改造世界，创造了光辉灿烂的物质文明和精神文明。

　　语文教学的首要目的是培养学生的语文能力，学生的语文能力是以语义知识为基础，由听、说、读、写四种能力和思维的深刻性、灵活性、独创性构成的一个开放的动态系统。语文思维教学促进学生智力的发展，从而有效地提高其语文能力。为此，必须使语文学习与思维训练有机地结合起来，学思结合就成了学习语文的一条基本规律。学语文离不开思维的积极参与，只有通过教师引导下的独立思维，学生才能达到发展智力、提高语文水平的目的。要达到这一目的，必须注重教学方法的应用。

　　本书在撰写过程中，突出了素质教学的要求，强调培养创造精神和思维能力，体现了课程改革的新思想、新观念。由于编写时间仓促，不足之处在所难免，欢迎广大师生在使用过程中对书中的错漏之处不吝指教，更希望提出建设性意见，使本书更为完善。

李川

2024 年 4 月

目　录

第一章　语文教学与教学方法基本理论

第一节　语文的性质

语文是"语言""文字"与"文章"的统一，是人们交流思想、传递信息、获取知识与技能不可或缺的手段。语文的工具性、人文性和综合性是它的本质属性。

一、工具性

工具性是语文的基本特征，在进行语文教学时，教材发挥着较为重要的作用。教师按照课程要求设计教学内容，使教学具有一定的科学性，从而使语文课程体现出工具性的特点。由于语文具有较强的实践性，在生活、学习中被广泛应用，并且还具有向其他科目渗透的趋势，因此，获取知识、养成良好的学习习惯是开展语文教学工作的重要目的。例如，学生完成诗歌部分的学习之后，就能够了解对仗、押韵等修辞手法，并能够在写作时应用这样的修辞手法，进一步提高语文应用能力。另外，良好的语文习惯是通过大量练习培养的，练习时主要依托的是语文教材，所以，语文教材便为语文教学工作提供了重要依据。

语文教材具有德育功能，有利于学生在学习中形成良好的世界观、人生观和价值观，并对人的人格品质的形成有一定的影响。由于教材内容具有爱国主义色彩，学生学习这一类文章时就能够形成爱国情怀，例如《苏武传》《祖国啊，我亲爱的祖国》等文章，能够激发学生的爱国情感，让学生感受中华文化。另外，语文教材中有不少文章蕴含丰富的哲理，学生在学习中能够了解为人处世的方式。

语言作为交流的工具，其本身含有大量的信息，语文作为一门语言类课程，能够潜移默化地影响学生的文学能力，使学生在提高文学能力的同时启迪思想智慧。在教学过程中，传统文化的弘扬和人文精神的塑造也是通过语文的工具性而实现的。例如，教师在带领学生进行写作练习时，学生会用文字将自己的真情实感表达出来，甄别假恶丑，弘扬真善美，语文综合能力得到进一步提高。

语文教材中的内容十分丰富，如何将其转化为学生的能力，还需要教师在教学中对课程内容进行合理的分析、整理。但能否顺利实现工具性所体现出的文化与技巧功能，还取决于学生本身的兴趣爱好与教师的教学方法。由于学生的语文综合能力参差不齐，传统的教学方法只会依据大部分学生的学习能力进行教学，导致部分学生语文成绩得不到提高，甚至失去了学习兴趣。为了合理利用语文教材，教师需要先了解学生的语文综合实力，并使用适当的方法进行教学，引导学生进一步了解语文课程。另外，在教学的过程中，教师会对优秀作品进行重点讲解，使学生能够潜移默化地提高语文综合素养，并且有针对性地对学生进行指导，能够帮助学生感受语文的美，掌握语言表达技巧，从而发挥出语文课程的工具性作用。同时，教师在授课时，还需要先了解教材的整体结构，并根据教学需求设计教学内容，保障教学工作能够满足不同学生的发展需求。

二、人文性

人文性能够体现出人类文化精神，是文化精神和价值理想的统一。人文精神是以积极的价值信仰确定生命的意义，以正确的伦理观念培育人际关系，以崇高的理性精神探索存在的规律，以自觉的公民意识参与社会事务，以坚定的文化自信传承民族传统，以高尚的审美理想创造美的世界。人文性的内涵是将真善美作为核心价值追求，推动人类文明向前发展。大部分语文教材在编写时融入汉语言文学的发展历史、民族文化等内容，使语文具有特定的人文性。学生在学习时，能够感受到文章中的文化内涵，形成健全的人格，从而达到语文教学的目的。另外，语文课程中包括大量的与历史、文化、哲学等相关的文章，学生在学习时能够感受到中华文化的博大精深，进一步提高其语文综合能力。

语文教育是指导学生学习中华文化的主要活动，语文教材在编写时为了达到素质培养的要求，多按照文体结构形式进行分类。例如，徐中玉版教材分为十二个单元，学生在学习这一教材内容时，能够快速了解不同单元的结构模式、主体内容，进一步提高学习效率；夏中义版教材以人文性为主线，将课程内容分为十六个单元，为每个单元设计一个主题，并在文章之后增加相关链接，达到提高学生语文综合能力，培养学生人文素养的目的。另外，部分语文教材在编写时按照文学结构进行分类，如彭光芒版教材按照时间顺序进行分类，使学生在学习时能够进一步了解文史知识。这一形式的教材较为系统，并具有人文性，能够帮助学生了解不同时期语文的发展情况，进一步提高语文教学效率。

汉语作为重要的思维工具，融合了中华上下五千年的历史文化，是中华儿女的根。虽然语文教材具有人文性的特点，能够承载人文教育意义，但部分教师对引导学生学习民族文化的重视程度并不高，导致语文教学的有效性降低。为了改善这一状况，教师需要提高重视程度，并按照教材内容、设计方式进行教学引导，进一步提高学生的民族自豪感，达到开展语文教育的目的。

三、综合性

学生主动进行语文课程知识的学习，并成为学习的主导者与实施者，知识面不断拓展，综合素养不断提升，这一过程能够体现出语文的综合性。语文学科内容多样化的特点，使语文学习能够达到文化传承的目的。语文学科具有教育功能，教材内容包括文化、文学、哲学、历史等综合性内容。从文学的角度对语文教材进行分析，能够发现其中收录的大量经典文学作品使教材内容蕴含传统文化精髓。由于中国古代的道家、儒家思想对文学有一定的影响，部分经典作品能够体现出道家、儒家思想，使学生在学习时能够感受到"天人合一"和"仁爱"思想，从而发挥出语文教材的综合性特点。另外，传统思想文化在今天依然具有较为重要的意义，在学习语文时，学生能接受传统文化的熏陶感染，提升自身语文综合能力。加之教师合理使用语文教材内容，结合历史文化的拓展引领，更能体现出语文的综合性优势。例如，在设计《乡愁》这一课程时，为了激发学生的学习兴趣，教师需要在课程中融入政治、历史、地理等方面的知识，使课程具有拓展学生思维的意义。

语文是一门综合性较强的学科，能够训练学生的文本分析能力，良好的文本分析能力能够提高其他课程的学习效率，直接影响其他课程的学习质量。如历史上有重大成就的科学家，不仅专业领域较优秀，还具有较强的文学鉴赏能力与良好的文字表达能力，保障其能够应用合适的言语表达研究成果。另外，学生在很多场合需要用语言陈述自身观点，表达不同见解，可以说，语文知识渗透在学习、工作、生活的方方面面。一个能说会写的人无论在哪个行业都会受到重用，考察一个人的综合素质少不了必要的语文素养。部分教师为了提高学生的语文综合能力，在教学时将教学内容进行完善，并将其他知识内容与教材进行融合，进一步提高教学质量，体现出语文的综合性特点。

第二节 语文的特点

一、知识结构的整体性

语文课程的教学要点、内容等部分存在一定的联系，并形成相对独立的体系，包含了大量的语言、文学、哲学、历史、宗教、道德等知识。应用这一课程设计教案、课时，能够将总体学习目标与阶段性目标联系起来，从而体现出语文的整体性特征。虽然语文教材具有不同版本，并且编者不同，教材结构划分、重点内容设计存在差异，但其知识结构整体性的特点是统一的。例如，王步高版本的教材按照文学史结构进行编写，教材中的小说部分将文本按照时代进行划分，学生在学习时能够了解不同时段文学的发展情况、写作风格，进一步提高了学习的有效性。学生在课堂之外自主学习小说类型的文章时，就能够自主分析文本写作风格、写作特点等，提高语文鉴赏能力。

另外，语文教材为了体现知识结构整体性的特点，对单元进行分类，不同单元所体现的重点内容是不同的。教师在设计教学内容时，为了体现出知识结构整体性的特点，需要根据重点部分设计教学计划，学生在自主学习时，也能够重点学习重要内容，发挥出语文整体性的优势。但部分教材在设计时，没有将各个类型的文本综合整理，甚至部分教材的爱国主义情怀不强，难以达到培养学生爱国主义情感的目的，这是有待完善的地方。

为了使教材知识结构具有整体性，大部分教材编写人员将课程内容按照结构类型进行分类，使教师能够有针对性地进行课程讲解。例如，在学习散文时，教师会根据教材知识结构，引导学生总结散文的特点、写作手法，并引导学生自主创作，提高学生的写作能力，推动语文教学工作进一步发展，达到提高学生综合能力的目的。虽然运用这样的方法进行教学能够提高教学整体性，但部分教材中缺乏主题，课文之间的关联度不强，教师在进行教学工作时，需要花费较长时间整理教学内容，降低了备课效率，因此，教材仍需加大改进力度，以实现知识结构的科学性。

在按照知识结构进行教学时，为了提高教学有效性，发挥出知识结构的优势，教师需要在教学时对这一部分进行分析，并为课程设定主题，使学生在学习中能够了解教学重点。另外，由于部分学生对于文言文的学习兴趣不高，如果教材按照文学类型进行分类，会出现某段时间学生学习兴趣不高的问题。为了避免这一问题发生，同时使知识结构具有整体性，需要在设计课程结构时，将文章类型进行穿插，即一单元中既有古文又有现代文，调动学生的学习积极性。

二、选文内容的经典性

为了提高语文教材的有效性，为教学工作提供依据，需要先按照经典性进行分类，并融入国内外优秀的文学作品。在整理教学内容时，教师可以先将教学内容进行分类，根据实际需求更换部分选文内容。

不同版本的语文教材编写者不同，其编写思路也存在一定的差异，在选文经典性上侧重点也不同。例如，徐中玉版教材注重提高学生能力，内容开放性较强，有利于学生提高自身语文综合素养；王步高版教材在编写时添加了脚注，对较难的内容进行了整理，能提高学生的阅读效率，且教材对语文综合能力较为重视，选择的文本内容较为经典。

为了提高教学的有效性，教师需要在授课之前对教材内容进行整理，删掉不够经典的文本，引入能够满足教学需求的文本。

三、人文精神的隐含性

语文课程能够帮助学生了解社会，因而在设计课程时需要选择贴近实际生活的内容，使教学具有一定的时代感。例如，教师在设计教案时，可以将生活中的实例与文本联系起来，选择篇幅适中、内容精练的文章，在教学时教师加以引导，让学生感受到文章中隐含的人文精神，发挥语文教育的作用。在网络快速发展的今天，网络作品质量不断提高，学生对其关注度较高，为了提高学生对课堂的关注度，可以在设计教学内容时适当将网络作品融入其中，引导学生分析作品优劣，增进学生对作品人文精神的了解。

语文教材在编写时存在一定的重复问题，并且部分课程内容与学生的实际学习能力不符。例如，部分高校语文教材中包含《锦瑟》《八声甘州》等内容，这些内容学生在高中阶段已经进行了学习。另外，有些教师在授课时引用的参考文章没有新意，导致教学工作有效性不高。为了改变这一现状，教师日常需要多收集优秀文章，并在备课时引用较新的文献内容。在选择语文教材时，需要对学生的语文实际学习情况进行分析，选择能够满足学生学习需求的内容，进一步提高教学质量。

四、表达方式的审美性

语言是人类沟通的重要工具，人类能够通过语言将自身的想法进行表述传达。随着语文课程内容的不断完善，无论诗歌、散文、小说、戏曲，还是叙事论理、写景抒情的文章，都不乏名篇佳作，都体现出语文教学的审美性特点。教师在教学过程中，需要加大引导力度，让学生通过学习优秀作品，得到熏陶，提高课文审美能力，从而促进语文教学工作高效开展。

语文教育具有文化传承的意义。语文教育将中华五千年的历史进行了汇总，学生在学习时，不仅能够提高语言运用能力，还能够提高语言表达的审美能力，并提升民族认同感。

第三节　语文教学的基本理念

所谓理念，是指人们观察问题、分析问题和解决问题所依据的原理和观念，或者说是原则和准则。语文教学的理念就是语文教学活动的指导思想和行为准则。

教育部发布的《义务教育语文课程标准（2022 年版）》中关于语文课程

的基本理念有四个方面的要求：一是要全面提高学生的语文素养；二是要正确把握语文教育的特点；三是要积极倡导自主、合作、探究的学习方式；四是要努力建设开放而有活力的语文课程。根据这四点要求，我们把语文教学的理念概括为三句话：人文关怀是语文教学的最高价值追求，个性发展是语文教学的根本指针，回归生活是语文教学的必然途径。

一、语文教学的人文关怀

语文教学要促进个体的身心和谐发展，要使个体的发展获得精神价值和人生意义。也就是说，个体通过语言上的学习和训练、文学上的熏陶和感染，不仅要获得各种知识和技能，还要体验到各种深刻的情感，唤起自身的主体意识，从而追问人生的意义，探索人生的道路，形成独特的人生态度。我们把语文教学的这种功能称为语文教学的人文关怀。

语文学科这种人文关怀的功能是标示其学科独特性的根本要素，也是语文教育的最高追求。我们把语文教育的人文关怀的功能提到这么高的位置，一方面取决于对语文学科性质的深刻洞察，另一方面取决于对人的最终发展目标的深刻认识。人的发展的最高境界是精神上的自由和解放、人格上的完善与独立，而所有为此目的所进行的知识的学习、技能的训练、能力的获得及社会生活的实践等都必须为这一最高目的服务。人要实现作为发展手段的工具价值到作为发展目的的精神价值的飞跃，必须经过人文教育的洗礼。在现行基础教育体系中，语文教育需自觉地承担起人文教育这一历史使命，把人文教育贯穿到整个语文教育过程中，关注人的精神世界的构建和人格的养成，为人的全面发展开辟道路。

（一）语文教育的人文精神价值

人文精神不是流溢于语文教育本体之外的美丽动人的幻影，而是徜徉在语文文本之中的人性之光。它飘忽不定，难以捉摸，因为它只对那些敏感睿智、关注内心精神生活的心灵展现自己的魅力。它至刚至大，吐纳宇宙，因为它超然于万物之上，寄身于纯真、至善之境。

从静态的文本分析来看，文学与人生的关系是语文教育的人文价值的集中体现。文学与人生水乳交融、血肉一体的内在联系，使文学成为人生的另一种存在。尽管它不是社会现实自身，却比社会现实更加真实、深刻、感人。人们是从文学艺术创作这面镜子中发现并认识了人自身，因此，文学就是人学。

文学把人的精神不断地引向光明和崇高，是文学在维护着人类那脆弱的社会良知和道德心，也是文学在不断地拓展着感性人生的丰富性与多元性，捍卫着人类理性的尊严和纯洁。因此，语文教育一定要重视文学作品的人文教育价值，把语文教育从工具中心论中解救出来，还其人文教育的本来目的。

从动态的教学过程来看，语文教学的人文价值主要体现在师生关系的民主性、文本解读的多元性、写作训练的生活化上。只有以民主化的师生关系作为教学的前提，才能充分调动师生两方面的积极性，使语文教学充满生命的张力，从而对文本展开开放性、多元化、个性化的阐释，释放出文学作品中深层的人性力量，引发情感上的共鸣，启迪思想上的开悟。

（二）语文教育目标的人文追求

人文关怀作为语文教育的最高目标，不等同于技术操作层面的教学要求，而是着眼于语文教育根本性的价值导向。也就是说，人文关怀与现行的语文教育目标体系不属于同一层面的问题。前者植根于语文教育本体论，后者立足于语文教育方法论，前者制约语文教育的根本价值取向，后者决定语文教育实践的开展。因此，人文关怀不可能以技术化、操作化的方式单独地起作用，它只能以精神导引的方式进入语文教育目标体系，通过影响语文教育目标系统的内在调节与协作间接地发挥作用。

坚持语文教育的人文精神价值取向。语文教育的德育目标除了重视传统的政治品质、思想品质、道德品质、个性心理品质，还要关注人的主体性发展、人格的完善、精神生活的和谐。在智育目标上，除了重视传统的知识、能力、智力发展，还要注意智力与非智力因素的协调发展、情感陶冶与生命体验。在美育目标上，除了重视传统的审美知识、审美能力的发展目标，还要尊重个体的审美经验、审美感受，激励个体的审美想象、审美创造以及倡导对人生的审美观照、对人格的审美塑造。也就是说，人文关怀是一切语文教育手段与工具的灵魂，人的精神发展是所有操作性目标的最终归宿。

语文教育的人文关怀目标不是空洞的口号，它既具有悠久的精神价值传统，又具有生动具体的时代内涵。作为一种优良的文化传统，它孕育了生生不息的人类文明；作为一种新兴的社会思潮，它发出了振聋发聩的时代呼声。吴宓提出的文学教育的十大功用，可以作为传统语文教育人文关怀目标的历史性总结：涵养心性、培植道德、通晓人情、谙悉世事、表现国民性、增长爱国心、确定政策、转移风俗、造成大同世界、促进真正文明。

英格尔斯提出现代人应具备的十四个特征，归纳起来主要有三个方面：

第一，现代人具有开放性，乐于接受新事物。他们乐于接受他们未经历过的新的生活经验、新的思想观念，乐于接受社会的改革和变化。他们思路开阔，头脑开放，尊重并考虑各方面不同的意见和看法。第二，现代人具有自主性、进取性和创造性。他们注重现在和未来，守时惜时。他们有强烈的个人效能感，对自我能力充满信心，办事讲求效率。他们尊重事实，注重科学实验，认真探索未知领域，不固执己见。第三，现代人对社会有责任感，能正确对待别人和自己。他们能相互理解，能自尊并尊重别人。他们有可依赖性和信任感，不相信命运不可改变，而认为依靠社会力量能使人生活得更好。语文教育的人文性应着眼于人文素养的培育。我们把新时代的人文精神的内涵概括为以下八个方面：人格健康、高创造力、主体意识、求实求真、乐于竞争与善于合作、个性和谐、乐观开放、热爱生活。这八个方面是新价值观的具体体现，也是未来人才培养的方向和标准。以此为基础，语文教育的人文价值应包含以下四个方面。

（1）引导学生走进生活、观察社会、体悟人生。帮助他们形成乐观开放、乐于竞争与合作的人生态度。

（2）培养学生的人文品质，继承民族文化传统，汲取现代文化精髓，厚植文化底蕴。

（3）陶冶学生的情操，启迪学生的悟性，培养学生的批判性思维和创造性思维，使其形成健全独立的人格。

（4）培养学生的主体意识，确立学生在教学过程中的主体地位，发挥学生学习的主动性、能动性与创造性。

（三）人文意蕴的开掘

语文教育中人文价值目标的最终实现取决于语文教育实践的正确走向。从语文教育过程的展开来看，选择文质兼美的教材，加强语文教学过程的审美性，立足现实生活，激发学生的自我表现，是开掘语文教育人文价值的有效途径。

我们认为，文质兼美应包含以下几层含义。

1. 文道兼美，一多并举

我们不仅要求选文的思想内容与语言表达做到有机统一，而且还要求选文在思想内容上具有深刻的文化意义、人文意蕴和审美价值，在语言表达上生动准确、笔水晓畅、富有个性。这样的文道观对于语文教材的选文标准才具有真正的实际意义。

文道兼美的选文标准，并不意味着把文道关系限定在狭窄的意识形态、伦理道德和正统文论的域界，而是应该"一多并举"。从"道"的标准来讲，"一"指的是教材选文应体现人类所崇尚的以真善美为代表的终极精神价值；"多"指的是选文要体现人类思想文化的丰富性、多元性、开放性。我们应以一种博大的文化胸襟和高远的发展眼光来看待文章的思想文化内涵，切忌鼠目寸光，见识短浅。在选文中，既要有传统的政治伦理教化内容，还要有体现人类普遍的精神价值追求的内容；既要有以明道为旨归的议论文章，还要有抒发个人性灵的小品佳作。从"文"的标准来看，"一"指的是选文的语言表达，必须规范、准确，具有代表性、示范性，思想内涵必须源于生活，积极向上；"多"则是强调语言艺术特色的多样化、个性化和风格化，文化内容的开放化、立体化、层次化。唯其文思泉涌、灿烂其华，方能风行水上、自然成文、行而广远，也只有放眼宇宙，博采万物之精华，才能广开眼界、启人心智、有益身心。

2. 内外兼顾，和谐统一

教材选文，作为语言学习与文化陶冶的范本，应具有内外两个方面的价值，或曰本体价值与工具价值，即精神陶冶价值和语言教育价值。只有做到这两种价值的有机统一，才能体现文质兼美的全面要求。选文的语言教育价值体现在对学生听说读写等基本语文能力的培养上，而精神陶冶价值则立足于学生的精神发展、人格完善上。这两者是相辅相成、互为依存的。因为，从文章本身的统一性来看，语言因素与思想因素是水乳交融、不可分割的。没有思想的语言表达没有实际意义，脱离了语言，人的思想同样难以表达。从学生语文学习过程的综合性、复杂性来看，学生的语言发展同学生的思维发展、思想成熟、精神成长有内在统一性。它们之间相互影响、相互作用，和谐共存、共同发展。脱离思想教育、精神陶冶的语言训练会使语文教育变得枯燥乏味、机械生硬，而脱离语言训练的思想教育同样会把语文教育变成迂腐的道德说教、政治灌输。因此，选文的这两种价值标准应当兼顾。

3. 兼顾选文内外价值的和谐统一

要做到这一点，除了独具慧眼，还要具备科学的编辑加工能力。选文的编排、教材体例的选择、语文知识的穿插、课后作业的设计等环节，都应该体现选文内外教育价值的统一。既要避免以唯知识、智能训练为中心，也要防止唯主题、思想分析推理至上。教材的编辑加工向来不被重视，只被看作一种技术性的工作。其实这是一种错误的看法。它是体现语文教育价值、实现语文教育目标的重要途径，它需要以正确的哲学观、教育观、心理观为指导，以语文教育的内在规律、师生互动模式作为依据，并要对语文知识掌握、能力发展与精神发展的内在统一关系有深刻的洞察与理解。它既需要有哲学的眼光，又需要有科学的程序，还需要有艺术的手法。从选文到编排，从封面到插图，从设计到印刷，所有步骤都关系到教材的质量和生命。因此，文质兼美不只是一种对文本的内在要求，还是一种指导具体编辑工作的根本原则。

4. 开放思维，审美观照

人文精神从某种意义上讲可以理解为人类对真善美孜孜不倦的价值追求。这种追求不仅仅包括对知识形态的科学、道德、美学领域的探索，它还指向人类在获取这些知识的过程中所孕育和滋生出来的科学精神、道德意识和审美体验。其中，审美体验不仅具有相对独立的价值意蕴，还是科学精神与道德意识所追求的最高境界。美存在于自然之中，而科学的发现，不仅指向知识，还要关注审美体验。在道德与审美的关系上，审美同样是道德境界的需求。古人强调"文以载道""文以明道"，其用意也在于此。只有把抽象的道德规范和理念渗透到由文学语言所塑造的美好的道德理想人格形象中，才能使个体获得道德实践的驱动力。审美是沟通知识和德行的桥梁，是培植人文精神的必由之路。语文教育要走向人文关怀，就必须通过开掘隐含在文本中的真善美精神价值，以唤醒学生的求知、向善、爱美之心，通过审美教育塑造他们的人文精神。

5. 语文教育的审美观照，尤以阅读教学为重

语文阅读活动中的审美教育是美学在阅读活动中的具体应用。语文阅读活动与审美教育有着难解难分、血脉相连的特别关系。加强审美教育有助于提高语文阅读质量，增强语文阅读效果。语文教材编选的课文，大都是依照美的法则创造出来的"文质兼美"的典范佳作，是集中反映社会、艺术、科学、语言等客观美的结晶。文章精美的语言，展示出崇高的美的艺术境界，而崇高的艺术境界本身，又丰富并加强了语言的艺术表现力。在阅读活动中，一方面可以抓住精彩传神的关键性字词语句，把学生引进它所展示的优美境界，使他们在美的艺术享受中受到熏陶，提高审美能力；另一方面，又可以抓住令人心灵颤动的意象、情境和形象，引导学生反过来深入体味、领悟文章中高超的语言艺术技巧，提高运用语言表情达意的能力。语文教师要充分利用文章的美学意境，创设审美情境，善于敏锐地发掘文章中的美点，揭示深蕴其中的审美情趣；要善于借助审美意象，启发学生的审美想象，根据文本的特点设计审美议题，以诱发学生的审美体验；还要确定审美目标，指导学生展开审美鉴赏活动。调动各种手段，把学生引入美的艺术境界，诱发学生联想探求，观察体验，既对学生进行审美教育，又把审美教育和语文阅读活动有机地交融在一起，使学生深入理解课文，提高阅读质量。在这种活动中，教师要从各种不同的审美角度、不同的审美层面引导学生深入地分析和理解。这样既可以使学生受到审美教育，又有助于学生对课文从表层性的体味感知进入深层性的领悟理解。

二、语文教育的个性发展

（一）语文教育个性发展的内涵

人的发展的核心是个性的和谐发展。语文教育在学生良好个性的形成与发展中扮演着主导性角色。传统语文教育在这方面存在着一定的缺陷，没有认识到语文教育对个性培养的重要意义，在教育理念和实践中都陷入了机械化的教育模式，过分追求语文教育的应试价值，忽视了语文教育在个性培养方面的积极作用。

斗转星移，教育日新。放眼海内外，个性教育已成为世界教育改革所关注的重大主题。儿童中心教育学认为，每个儿童有其独特的个性、兴趣、能力和学习需要，儿童之间存在差异是正常的。因此，学习必须据此来适应儿童的需要，而不是儿童去适应预先规定的、有关学习过程的速度和性质的假设，儿童中心教育学有益于学生发展，其结果将有益于社会。

笔者认为，"儿童中心教育学"概念的重申，表明国际社会在宏观的教育理念和教育政策上确立了个性发展的方向。那么，怎样理解个性发展呢？

1. 个性是完整的，创造力、想象力等品质是个性健全发展的表现

把一个人在体力、智力、情绪、伦理各方面的因素综合起来，使他成为一个完善的人，这就是对教育基本目的的一个广义的界定。因此，个性是道德、体力、智力、审美意识、敏感性、精神价值等品质的综合，是一种"复合体"，即不能把某一种或某几种品质从一个完整的人分离出来孤立地培养。所以，为了培养人的想象力和创造性，应首先培养"自由的人"，这要求向青少年提供一切可能的美学、艺术、体育、科学、文化和社会方面的发现和实验机会，而不应该局限于短视的功利需求。

2. 个性是独立的、具体的、特殊的

尽管个性发展离不开与他人交往，但个性首先具有内在的独立性。每一个人都有其独特的发展史，因此每一个人都是具体的、特殊的、活生生的。

每个人都有自己的历史，这个历史是不能和任何别人的历史混淆的。每个人都有自己的个性，这种个性随着年龄的增长而越来越被一个由许多因素组成的复合体决定。这个复合体是由生物的、生理的、地理的、社会的、经济的、文化的和职业的因素所组成的。

3. 个性发展内在地包含了社会性的发展，每个人的发展必然带来整个社会的发展

把个性发展与社会性发展、每个人的发展与整个社会的发展孤立起来、对立起来或并列起来，都是二元论思维方式的产物，都不能正确理解个性发展的本质。

4. 个性发展是一个无止境的完善过程

人和其他生物的一个重要区别是人的"未完成性"，即人的发展是一个无止境的完善过程和学习过程。终身学习不只是社会要求，还有着人的个性发展的内在需求。由此看来，追求学习者的个性发展是世界教育改革或课程变革的重要趋势。从本源上看，每个人的个性都是完整的，亦是独立的、具体的、特殊的。因此，培养个性应尊重个性的完整性、独立性。个性发展内在包含了社会性，因此，个性的成长是在生活中、在持续的社会交往中进行的。个性发展是无止境的完善过程，因此终身学习应成为每一个人的内在需求。在我国，当代教育改革也在 20 世纪 80 年代后期把个性培养列为教育的

主题与使命之一，把发展人的个性作为教育的培养目标。只有赢得了人的个性发展，才能赢得社会发展的未来。个性教育，就是真正的、具体的、独特的人的教育，就是使一个生物意义上的实体不仅获得社会性、文化性，而且获得自身独特性、自我确认性的过程。因此，语文教育凭借其自身的人文学科优势理应成为个性教育的核心，发挥中流砥柱的作用。

（二）语文个性教育的作用

1. 语文个性教育的价值追求

语文个性教育的价值观是语文教育功能观的直接反映。语文教育有其独特的功能和价值，其功能和价值又具有多层次复合性。

功利本位与人文本位是最能概括当前各种对立观点的一对范畴。功利本位论强调把语文教育的功利性放在首要地位，把学生对汉语的听说读写水平和能力作为语文教育追求的根本目的，突出语文教育的工具价值。在此前提下，他们一般不反对语文教育的人文价值，甚至也十分强调语文教育的教化作用。人文本位论则认为语文教育的最大功用在于教化，最大价值在于弘扬人类和民族的优秀传统文化和人文精神，培养学生健全的人格。在此前提下，他们一般也不反对语文教育的工具价值，甚至认为人类精神传递的前提是对语言文字工具的掌握。

语文教育的特点决定了语文教育的功能绝非单功能，而是复合功能。所谓复合功能，就是将语义教育的各种功能有机地整合为一体的功能。语文教育的复合功能由两类要素组成，即工具性要素和人文性要素，两类要素组合不存在孰先孰后、孰上孰下的问题。

工具性要素的主要内涵是：听说读写、知识方法、思维。人文性要素的主要内涵是：情思、审美、伦理、历史文化。工具性要素和人文性要素之所以能够合二为一，关键在于中介要素的作用，中介要素就是汉字和汉语。汉字汉语的教育使要素之内涵发生联动和整合，使两大类要素产生有机连接和整合。语文教育的复合功能是一个有机的开放的组合系统，是一种弹性机制，它在信息交换过程中不断地做出自己的选择和应对，系统也会因此发生相应的变化。语文教育的复合功能铸就了我国民族文化特性，发挥了全面综合的素质教育作用。语文的复合功能观对于语文个性教育价值观的构建起到了决定性的作用。语文个性教育的核心就是要通过语文教育促进学生的个性和谐健康发展。它打破了以往单功能观的狭隘视野，把语文教育置于一个更为广阔的历史文化背景之中，突出强调了语文功利性价值与人文性价值之间互为依存、相辅相成的血脉一体的内在联系，从而为人的个性发展铺就一条更为切实、明确、广远的通道。

语文教育的多功能整合观很好地协调了语文教育的工具性价值和人文性价值、内在价值与外在价值，把个性教育与社会需求有机地结合起来，这对于培养符合社会需要的良好个性品质起到了积极的促进作用。因此，多功能复合的语文教育价值观是语文个性教育的重要理论基石，在当代具有重要的现实意义。在新世纪里，语文个性教育就是要重视个人的自由发展，尤其是人格的健康成长。这一点具有世界性、终极性意义。通过教育，尤其是以人文性为核心特征的语文教育，重塑现代人的人格精神，是促使社会和个人协调发展、可持续发展的重要基础。

2. 语文个性教育在个体人格的塑造方面应发挥积极的作用

语文个性教育通过对自身的人文价值、文化底蕴、思想内涵的充分释放和展开，为个体的精神发展、人格形成创设一个良好的成长环境。语文个性教育在人格塑造方面要坚持以下三方面的价值追求。

第一，重塑人格基础，由关注知识技能转向关注个性整体发展，并主要关注精神世界的构建。语文教育要重塑人格的基础，必须正视这一现实，努力扭转只关注知识技能的狭隘局面与风气，重新把语文教育的重心放在对个性人格的塑造与培养上。要实现语文教育的根本价值，促进个性的和谐发展与人格的健康成长，必须做到两个转变：从理论上要转变对语文教育本体价值的认识，树立起牢固的多功能复合价值观，真正理解语文本体的质的规定性对语文教育多功能复合价值观的内在的决定作用；在实践上要处理好语文知识技能掌握与文学熏陶、精神启迪、审美体验等隐性因素的关系，使前后两种因素相互联系、相互支持、相互转化。一方面，把语文知识、技能因素融入个体精神活动、人格意识、行为模式的整体，使其有所附加。另一方面，则把个体的精神世界建构在牢固的语文知识技能之上，为个性的发展打下坚实的语文基础和文化根底。

第二，重塑人格形成机制，由关注教学目标转向关注教育目的，将人文关怀贯彻到教学实践中去。现在的语文教学过分追求教学目标的细化、可操作性、确定性、完整性等行为性标准，相对忽视了情感性、体验性、审美性、情境性等隐性目标。这种目标教学的偏颇在应试教育模式中表现得尤其突出，忽视了学生的主动性和创造性。我们知道，语文教育的目的着眼于个性的全面和谐发展，尤其是个体人格与精神的发展。它是整个语文教育的立足点，也是归宿，对于具体的教学实践具有终极性的决定意义与规范价值。语文教学目标则是为了便于实践操作而从教育目的中分化出来的，它对加强语文教学的程序性、规范化具有实际的指导作用。但是，这并不意味着在教学实践中按部就班地完成了各种具体的教学计划就能够达到教育目的的要求。按照教学系统论的观点，教育目的的内涵要高于各种具体教学目标。因此，个体个性的自由、充分发展，精神世界的积极构建，既要以教学目标的实现为基础，又要对其进行积极的转化、扬弃和提升，使其获得个性的特征、人格的意义。各种语文教学目标所规定的知识、技能、思想、文化等学习内容，必须通过个体自我意识的同化，顺应的整合、行为模式的内化，才可能真正地变成个性的有机组成部分。这一过程的实现，一方面要以各种具体语文教学目标的实现为前提，另一方面又要借助于特定的教育环境，通过个体的自我教育、自我发展、自我提升来实现。教育环境除了包括课堂学习，还包括心理氛围、情景诱导、教师的人格魅力及教学活动的潜在影响等。因此，语文教育要重塑人格养成机制，必须标本兼治、内外双修，为个性的和谐发展创设良好的教育环境。

第三，重塑人格境界，由"功利人生"的定位提升到"审美人生"的设计。应试教育以其功利主义价值取向为主，忽视了语文教育的审美价值，把文学教育驱逐出语文课堂。语文教育要重塑人格境界，必须加强审美教育。因为只有审美教育，才能为个性的精神世界创造一个超越功利的自由发展空间，才能使个体认识到人生就是一件弥足珍贵的艺术品，从而唤醒他们向往美、创造美、热爱美的美好情感。因此，语文教育只有成为审美教育的过程，才可能充分释放汉语言文字及文学作品中的美感，把学生的精神引向纯净、高尚、理想之境。

（三）语文个性教育的实践走向

语文个性教育价值观的确立为语文个性教育实践指明了方向。语文教育在教学实践中应始终坚持以个性的和谐发展、人格的健康成长为指针。个性的发展、人格的形成是多方面、多层次、多方位的，其中创造性是核心因素。从某种意义上说，个性教育就是创新教育或创造性教育。我们知道，个性独特性是个性得以确立的根本依据，个性教育就是要立足于客观存在的学生的个别差异性，通过因材施教，充分调动每一个学生的积极性、主动性、创造性，让每个人都体会到成功的快乐，体验到作为学习主体的自主感、成就感，从而释放每个人的学习热情和创造能量，培养出个性鲜明、朝气蓬勃、积极进取、勇于创新的社会主体。只有承认学生的个性差异和客观事物的多元性，才能真正地培养出学生的创造性。因此，个性教育必定是创新教育，而创新教育又是促进个性发展的关键因素。语文教育多功能复合价值观决定了语文创新教育内涵的丰富性、多元性。一方面，作为工具学科，语文教育对培养学生独特的个人语言表达能力、语言风格具有促进作用。另一方面，作为人文学科，语文教育对培养学生独特的人格精神、审美意趣、道德素养又具有重要意义。因此，语文个性教育的创造性就是要培养学生的良好语感、独特的语言风格、语文思维的创造性以及积极向上的创造性人格。

1. 语感教学与语言风格的养成

一个人的语言往往就是他的精神世界的表征。尤其是以文字为表达手段的书面语，更能较系统、全面、深刻地反映一个人的文化修养、价值取向、审美趣味以及精神追求。而语言风格又是标示一个人语言独特性的重要因素，它是一个人的符号化外貌。语言风格的形成有赖于个体语言的积累与语感生成，良好语感的获得是形成个人语言风格的根本前提。因此，语感教育是语文创新教育的重要内容。

2. 语感的性质及语感教学

语感是一种修养，是在长期的规范语言应用和训练中养成的一种对语言文字（包括口头语言、书面语言）比较直接、迅速、灵敏的领会和感悟能力。它具有敏锐性、直觉性、完整性、联想性、体验性。语感虽然具有模糊性、会意性等非理性化的特点，但可以将它做科学的、辩证的分解，分项确定其训练目标。从大处看，语感可以分为听感、说感、读感、写感。从语文理解的过程及方式的角度来看，一个人的语感能力大致可以分解为相互关联的两种判断力：一是对语言对象在语言知识方面的判断能力，包括语音感、语义感、语法感和语气感，这是直觉性语感；二是对语言对象在内容上真伪是非与形式上美丑的判断能力，它包括思想观念、情感意志、人格状态、审美鉴赏等，这是理解性语感。老一代语文教育专家把语感和语感教学看作语文教学的本质和核心，以及语文教学的最终目的。

3. 语感训练的途径和方法

语感之"感"源于所感之"语"。它是客观语言对象对人的语言器官长期雕琢、不断积淀的结果。因此，要培养准确、敏捷的语感必须注重语言的积累，加强语感的实践训练。

第一，培养学生对字词的感受力。要做到有效的语言积累，就要多看多记。多看，既看生活，又看书本。多记就是要在理解的基础上背诵一定数量的名篇佳作。

第二，强调诵读。

第三，凭借生活经验获取语感。

第四，依靠对语言行为意义的感知。语感实际上是经由言语，又超越言语去感受语言使用者的内心情感和思维。

语感分析训练是提高语言感受力、加强语言意象积累的重要手段。语感分析最大的难点是把握语言的隐含信息、语言的自我表达。语言的自我表达能力是语文教学所要培养的重要技能，它集中地体现了个体的语言个性、创造性和独特风格。

语言表达能力的培养并不仅仅是一种简单的技能训练，它是同个性的思想发展、精神成长、人格追求紧密相关的。促进语言表达能力的发展，必须从促进个性精神和谐发展入手。自我表现是个性精神发展的一个重要方面，它对个体的语言表达能力的发展起决定性作用。激励学生勇于表现自我，敢于发表自己的见解，抒发自我的生活感悟，是提高个体语言表达能力的重要原则。

（四）语文思维创造性培养

语文能力的核心是思维能力，思维能力的最高层次是创造性思维。创造性思维是一种具有开创意义的高智能的思维活动。它既具有一般的思维性质，又具有自身的独创性、突破性和新颖性。

语文学科作为基础教育中的基础学科，对培养学生的创新意识和创造能力具有决定性的意义，也是深化语文教育改革、实施语文素质教育、实现语文教育个性化的关键。培养学生创造性思维能力的途径和方法主要有：

1. 立足个性差异，培养求异思维

由于每个学生先天遗传特质和后天所受的教育及经历不同，心理发展又不处于同一水平，思维能力便有较大的差异。所以，发展学生的创新能力，就必须承认学生的个性差异和客观事物的多元性。传统的语文教学往往忽视学生的个性差异，按照一种整齐划一的僵化模式对待个性迥异的学生。这不仅损害了学生的自主性和积极性，也抹杀了他们的创造欲望。因此，加强语文个性教育，就必须积极培养学生的求异思维，发展学生的个性，鼓励他们的创造性。

2. 深挖教材内蕴，积极诱导启发

学生作为学习的主体，对同一篇文章的感受是不同的。"一千个人眼中就有一千个哈姆雷特。"因此，教学切忌求同过多，而应尽量引导学生用发散的眼光，立体地、全方位地审视文章的立意、题材、结构和语言，尽可能地激发学生去感受体味、大胆想象，形成自己的独特见解。教师只有用全新的、多角度的眼光分析教材，才能开阔学生的视野，使他们运用与众不同的思维方式对问题进行分析、比较、抽象和概括。我们应鼓励学生去思考、去发现，从而在潜移默化中提高自己的鉴赏力、创造力。

3. 激发求知兴趣，鼓励创新精神

创造性思维能力的培养，是以激发求知兴趣为前提的。《论语》中有"不愤不启，不悱不发"的启发性教学原则。语文教学应坚持启发性原则，提问设疑，调动学生的学习情绪，活跃思维，使学生振奋起来，产生积极探求新知的欲望。激发学生的学习兴趣，关键在于精心设疑。问题是创新之源，疑问是探究思索的动因。在语文教学中，基础知识训练、阅读和写作等均可通过精心设疑来激发学生的学习兴趣和创新精神。

4. 丰富想象能力，捕捉直觉灵感

直觉思维是人脑对事物及其本质和规律做出迅速识别、敏锐观察、直接理解和整体判断的思维过程，它是构成创造性思维活动的必要因素。培养创造性思维能力，就必须加强直觉思维能力的培养。一要通过阅读教学，发展学生的想象能力。二要加强朗读和进行语感训练。汉语重语言主体的心理因素，强调直观感受。这种直观感受正是直觉思维力强的表现。加强朗读，进行语感训练，正是凭借着阅读活动的经验直觉对言语做出敏锐反应，从而瞬时性地感知和领悟言语，这是培养直觉、体味语言的重要途径之一。三要创设情境，触发创新灵感。创设情境是触发创新灵感的有效手段。生活展示、实物演示、表演体会、音乐暗示等手段都是触发灵感的重要手段，在语文教学中应注意发挥这些因素的作用。

（五）创造性人格的养成

语文创新教育不仅仅是语文创新能力的培养问题，创新人才培养的最核心问题其实是自由精神的培育、创造性人格的养成。创造性与其说是一种能力，毋宁说是一种精神气质、人格倾向。自由精神是一个人创造力的灵魂，它体现在教育管理者、教师与学生三个层面。创新教育不仅要求学生做好知识、技能及思想上的准备，而且还要求教育管理者和教师具有开放的意识、民主的管理、勇于探索的精神，使创造性成为教育的一种自觉的价值追求。培养创造性的关键是教师要站在学术的前沿，切实了解社会的发展及学生发展的需要，灵活多变地调整自己的教学计划与教学设计，以激发学生的创造力为旨归。教师要通过设置特定的问题情境，让学生感受到问题的现实挑战，诱发他们克服困难的内驱力、意志力和人格信念，从而使创新教育与人格的发展联系起来。

语文个性教育要通过语言载体，充分挖掘依附其中的人文精神、价值意蕴，去引导学生求真、求善、求美，培养其主体性，鼓励其自由创造精神，真正把创造性教育与个性的人格发展融合起来，使创造性教育获得持久稳定的内驱力。

三、语文教学的生活归属

面对信息社会、知识经济时代，课程脱离现实生活世界，学生缺乏承担社会义务的态度和参与社会实践的能力，国内外教育界一致呼吁，把教育回归生活世界、培养学生社会实践能力作为课程改革的重点之一。

终身教育的宗旨是"四种基本学习"，即四个"知识支柱"：学会认知、学会做事、学会共同生活、学会生存。

传统教育过分倚重"学会认知"，然而教育新概念应谋求这四个"知识支柱"中的每一个都得到同等重视，谋求这四者的整合。这四个支柱中，"学会做事""学会共同生活""学会生存"集中体现了教育、课程回归生活世界的发展取向。"学会做事"绝不只是熟悉某些操作技能、学会某些实践方法。

"学会做事"意味着要特别重视发展处理人际关系的能力，也就是说"人格智力"在知识经济时代具有特别重要的意义。"学会共同生活、学会与他人一起生活"，是信息社会对教育的又一挑战，因为日益发展的信息技术既便于人与人的交往，但也可能造成"地球村"里人的孤独和疏离。因此，教育应采取两种相互补充的方法，既要教学生逐步"发现他人"，懂得人类的多样性和差异性，又要通过从事一些社会公益活动来帮助学生寻找人类的共同基础。当学生"学会做事""学会共同生活"的时候，就能够在人类社会生活中"学会生存"。

教育处于社会的核心位置，这种观点认为，教育是与家庭生活、社区环境、职业界、个人生活、社会传媒融为一体的，但教育并非被动适应纷繁复杂的社会生活，而要对社会进行主体参与式回归，要通过培养每个人的判断能力而对社会进行批判与超越。由此看来，回归生活世界是课程变革的重要趋势。回归生活世界的课程在目标上意味着培养在生活世界中会生存的人，即会做事、能与他人共同生活的人。

这种人既具有健全发展的自主性，善于认识自己，又具有健全发展的社会性，善于发现他人。回归生活世界的课程在内容上意味着要突破狭隘的科学世界的束缚，除了科学以外，艺术、道德、个人世界、自由的日常交往都是重要的课程资源，这些资源在教育价值上丝毫不亚于科学，而且只有当科学与这些资源整合起来的时候它才能在走向"完善的人"的心路历程上发挥作用。要秉持一种"课程生态学"的视野，寻求学校课程、家庭课程、社区课程之间的内在整合。

（一）语文教学必须贴近生活

在当代信息社会，语文能力更成为一个人获取、加工、输出信息，进行思维创新的重要工具。语文教学必须贴近生活，这是由社会生活所具有的独特的语文教育作用所决定的。

首先，丰富多彩的社会生活是语文课文的源头活水。语文课在学生面前打开了现实生活的一扇窗，通过它的选择，学生们可以自由地观察这个千变万化的世界，洞察生活的秘密，领悟人生的真谛。所以，生活是语文的来源，是学生学习的内容，语文教育不应忽视学生的自主发展对社会生活的内在需求。

其次，现实生活为学生的语言交际活动提供了直接经验的情境和基本的发展动力。儿童最初的语言能力是从现实生活中习得的。语言能力在某种程度上可以说就是一种基本的生活能力。现实生活为学生言语交往设置了特定的对话情境，激发了交流的欲望，使学生的言语交流能够获得一种持续的、稳定的内驱力。在生活中学生所进行的这种语言上的交流深刻地反映了个体语言学习的内在规律：语言学习需要特定的情境来提供背景信息的支持以创造交流的可能性；同时，语言交流又必须是有所指的、定向的，交流的动力来自某种生活情境而产生的思想和思维上的碰撞或冲突。正是现实生活中所存在的各种矛盾、冲突和问题，才引发了学生语言交流的动机，促进了其思想的发展以及语言水平的提高。

所以，语文教学要重视生活情境在教学过程中的暗示、激励作用，为语言能力的发展铺设一个坚实的生活基础。

最后，语文的工具性决定了语文教学的生活化方向。语言作为理解的工具，不仅为个体与个体之间的思想情感交流创造了可能，提供了手段，而且在个体与历史、个体与传统之间架起了一座沟通的桥梁，个体通过它把历史与文化灌注进自己的精神生活和生命意识之中。

语文教育既要满足个体生活的工具性需要，又要关注个体精神生活的发展，在生活中沟通历史传统与现实，探索人生价值，构建生命的终极意义。所以，语文教育必须贴近生活，关注生活。

（二）语文教学必须植根生活

学生语言学习的规律表现在三个方面：一是语言的发展与思维的发展紧密相连、相辅相成，而思维的发展起源于动作与活动，是一种经验的建构过程；二是语言的习得必须借助于特定的生活情境，语言能力不是一种抽象的形式，它必须包含实质性的生活经验与价值体验；三是语言的学习是实践性的，它的途径不应局限于课堂教学，而应面向生活实际，因为生活的变化对语言学习具有实质性的影响。这三个规律基本上体现了语文教学与生活之间的密切联系。

认知心理学的研究成果已经证明，儿童的语言与思维的发展同儿童自身的动作与活动具有实质性的联系。从发展过程来看，人的思维的发展要经历动作思维、形象思维与抽象思维三个阶段，个体在与环境相互作用的过程中思维能力不断地由低级阶段向高级阶段发展。在儿童思维发展的早期阶段，儿童自身的动作是沟通环境与主体之间意义联系的桥梁。儿童通过自身动作，在动作中进行思维，借助动作表达思维的成果。在成人语言的引导下，儿童逐步将语音刺激与动作联系起来，从而使思维获得了最初的语言表现形式。随着儿童动作的复杂化以及活动范围的日益扩大，儿童的形象思维开始发展，并不断地向前发展，形成抽象思维能力。儿童的语言能力也相应地从感性水平发展到理性水平。在这一过程中，儿童不断地修正所习得的概念，从而使语言能力不断地发展变化，逐步形成了一定的语感。教师要使学生所习得的语言获得实质性意义，具有经验上的价值，就必须加强语言学习与生活经验的联系，在生活的经验中使语言及概念获得稳定、准确、真实的意义，从而使个体的思维水平不断地由动作思维、形象思维向理性思维转化，不断地由即时性、联想性向推理性过渡，也就是说，生活经验在思想与语言之间架起了一座沟通的桥梁。因此，语言学习在本质上与生活相连，只有通过生活，并在生活中学习语言，才可能真正培养学生的听说读写能力，使其获得真正的发展。

语言学习必须借助一定的生活情境，才能形成积极有效的思想沟通。语言学习之所以需要一定的情境，是因为情境能创造语言交流的可能性，还可以提供语言交流所必需的背景信息，此外它又构成了语言交流的动力基础。学生掌握语言的过程其实是一种心理图式不断建构的过程，这种建构需要特定的生活情境提供发生的契机。在特定情境的诱发和激励下，个体才可能形成一定的问题意识和思维定向，促进思维的发生和发展。思维的过程其实就是概念的运算过程。因为生活情境是不断变化的，个体的思维活动就会处于不断适应与调整的状态。思维的适应与调整的过程，就是内部言语不断地生成、转化、运作、发展的过程。

从生活的发展变化对于语言学习的影响来看，语文教学必须联系现实生活，使学生的语言发展获得"源头活水"，变得生机勃勃。语言系统相对于社会生活，是一个相对静止封闭的系统。社会生活不断发展，尤其是现代信息社会瞬息万变，必然对语言系统产生重要的影响，促使其做出相应的反应、调整和变化。除了语言学习自身的规律要求语文教学生活化，在语文教学中，学生对各种文化知识的掌握、对价值观念的习得、对精神世界的探究等方面，都要求学生具有深厚的生活经验作为基础。因为生活的切实经验不仅提供了各种学习的初步的感性知识基础，而且还孕育了学习的直接兴趣与心理动力，培育了学生基本的生活态度与价值观念。因此，生活化是语文教育走向深入的必然选择。

（三）语文教学必须聚焦生活

语文课程向生活化发展的方向，则应该由原来的重视语文知识的教学转向对学生语文能力的培养，特别是对生活实践中学生运用语言能力的培养，这是编写语文教科书应掌握的重要原则。在编写语文学科教材时，应充分拓展语文教材的生活价值、发展价值，处理好以下几个关系。

1. 处理好语文知识序列、个体心理发展序列和个体生活序列的关系

理想的语文教材应该是语文知识序列、个体心理发展序列与个体生活序列的有机统一。三者之间应是相互渗透、相互促进、相辅相成的关系。也就是说，语文教材的编写既要考虑语文知识的系统性、逻辑性和完整性，又要考虑学生心理发展的阶段性、递进性、反复性，还要考虑学生实际生活的需要与社会生活的需要。

语文教育的一个根本任务就是要发展学生的语文能力，而学生语文能力的发展同认知能力，尤其是思维能力的发展是紧密相连的。个体的思维能力的发展又具有普遍的序列性和规律性，即要经历动作思维、形象思维与抽象思维的过程。因此，学生语文能力的发展也必然具有一个基本的序列，这个序列理应成为我们设置语文知识与技能阶段性目标的依据，成为不同学段语文教材选文的标准。另外，学生的实际生活经验对语文的学习具有重要影响，不同年龄阶段的学生具有不同的亚文化特征，往往形成不同的生活经验序列。

我们应以学生的心理发展序列为基础，以学生的实际生活序列为指导，以语文知识的可接受性为标准，以语文能力的发展为目标，设计生活化的语文教材。

2．要处理好阅读、写作与生活的关系

阅读和写作并不是一一对应的线性因果关系，而是由量变到质变的过程。阅读是学生感知、吸收、消化并理解语言材料的过程，它是写作的必要准备。因此要提高学生的写作能力，就必须提高学生的阅读量，开阔学生的视野，使学生积累大量的语言材料，获得丰富的语感刺激，形成一定的思维能力。写作不仅需要学生的阅读能力，还需要以个体的生活感悟作为触媒或催化剂。否则，语言就失去了生命力与创造性，写作就会陷入痛苦的技术制作。学生只有通过对生活的独到的观察、切身的体悟、深刻的反思，才可能激活头脑中已有的知识经验、事物形象和语言材料，才可能文思泉涌、下笔千言、一气呵成。因此，语文课堂一方面要扩大信息量，加大阅读的力度；另一方面又要设计一些引导学生观察社会、体验生活、思考人生的课堂活动，以激发学生写作的欲望，创造写作的契机。

3．要处理好语文知识学习与语文能力发展的关系

语文课程生活化，意味着要在语文知识与语文能力之间架构生活化的桥梁，使语文知识的学习为语文生活能力的发展服务。学生语文能力的发展并不是单纯地由语文知识转化来的，它还要借助个体的生活经验、语言交际的经验以及模仿他人语言的学习经验等多方面因素的支持和作用才可能获得发展。因此，语文课程生活化要在坚持语文知识基础地位的同时，加强对语文能力的训练，突出语文生活经验对语文能力发展的重要作用。

4. 要处理好文言文和白话文的关系

语文课程的生活化，要以白话文为主体，但这并不意味着否定文言文的生活经验价值。文言文作为古典文化的载体，是历史生活生动、逼真的写照，具有极其丰富的生活教育价值。因此，语文课程生活化不但不应排斥文言文教学，而且还要在适当的范围内加强它。

文言文内容的选取要充分尊重历史的真实性与现实性，不可以以政治功利主义的眼光武断地、不负责任地对经典文献进行肆意的歪曲、附会与篡改，使典籍中的传统精神遭到肢解和割裂。文言文的教学要采取渗透原则。文言文与白话文之间存在着千丝万缕的内在联系，白话文中有不少有生命力的文言文，因此，在白话文中渗透文言文教学，不仅是可能的，而且是可行的。文言文教学要从现行的以语言文字学习为中心的课程目标转化为以古典文化学习为中心的课程目标，处理好语言与文化之间既有机统一又分主次本末的关系。对于学生来讲，文言文主要是认读经典的工具，对文言表达能力未做过多要求，因此，切不可以枯燥的古典语言文字学的要求和标准设计语文课程，以免降低学生对文言文学习的积极性和兴趣。

我们所追求的是学生通过文言文的学习，获得基本的文言文阅读能力和对传统文化经典基本思想的掌握，并在学习过程中获得传统文化的陶冶、感染和精神的教育，而不是培养专门的古汉语文字学家。

第四节　语文教学方法的变革

一、语文教学方法的创新

创新是语文教学方法变革的重要途径。广大语文教师把握改革开放的大好时机，充分施展自己的创造才华，推出了一系列语文教学的新方法。下面择要介绍几种。

（一）自学指导法

也称自学法、自学辅导法，是教师指导学生自学获取语文知识、培养语文能力的一种教学方法。这种教学方法的创新和推行，是"以学生为主体，教师为主导"教学思想的重要体现。学生根据教师规定的教材或自学材料、指定的作业，自己阅读或做习题，教师适当指导、答疑和小结。这种方法适用于小学三年级以上的学生。优点是以学生自学为主，注重培养学生的自学能力和自学习惯，有利于创造型人才的培养。弱点是基础差的学生常常力不能及，如果指导不力则容易使教学放任自流。

它有三种不同的方式：一是划块式，即在一节课以内，划出一块时间，用于学生自学和教师指导自学；二是整堂式，即安排整整一堂课的时间，专门用于学生自学和教师指导自学；三是课外式，即在正课结束后，规定一个时间，指导学生自学，一般以学习吃力的学生为对象，也有全体学生都参加的情况。

运用自学指导法必须注意：一要明确学习的目的和要求，结合自学内容提出激发学生学习兴趣的思考题和练习题，让学生心中有数，带着问题自学；二要指出自学内容的重点和难点，指明自学的步骤和方法；三要给学生提示或提供参读材料或自学手段，帮助他们自行解决学习中的问题；四要进行巡视指导，对于自学吃力的学生还要有重点地进行个别辅导，细致观察和掌握学生自学情况，及时解决需要教师指导的问题；五要创设良好的自学环境和条件，让学生专心自学，提高自学效率；六要检查总结自学情况，肯定学生自学的成果，解决学生自学中的疑难问题，不断提高学生的自学质量。而关键在于教给学生自学的步骤和方法。例如，魏书生老师总结了"四遍八步读书法"：一遍跳读（记梗概、记主要人物），二遍速读（复述内容、理清思路），三遍细读（掌握字词句、圈点摘要、归纳中心），四遍深读（分析写作特点）。自学指导法正在全国范围内逐步推行，有着广阔的发展前景。

（二）读写结合法

它就是从读学写，以写促读，读写结合，实现读写水乳交融齐步发展目标的教学方法。影响最大并自成体系的要数广东省潮州市小学特级教师丁有宽。他经过八轮教改实验，逐步创设了"以记叙文为主体的读写结合五步系列训练法"。针对过去语文教学模模糊糊一大片的弊端，提出"杂中求精、打好基础、乱中求序、分步训练、华中求实、突出重点、死中求活、教给规律"的教学思想和教学方法，运用心理学、工程学、系统论等科学理论，指导学生读写结合，反复训练，开设"15分钟观察口头表达课""寻美作文课"等多种特殊训练课程；在四、五年级学生中提倡自学自得、自拟标题、自改作文，甚至取消传统的专门的作文课，而把大量的写作片段训练和综合训练糅合在阅读教学之中。

（三）比较教学法

运用比较法进行语文教学，可以使学生明晰知识构成规律，系统巩固所学知识，并培养举一反三、触类旁通的自学能力。

比较的方式主要有四种：一是横比，即两个或两个以上同类的语文因素相比，比如字词句篇，主题、题材、手法，人物、事物各自之间的相互比较。二是纵比，即同一语文因素的前后发展变化相比，比如词的本义与引申义，古今语法特点，课文修改前后的比较。像教授《藤野先生》，用原句"从此就看见许多新的先生，听到许多新的讲义"比较改句"从此就看见许多陌生的先生，听到许多新鲜的讲义"，就发现作者遣词造句之准确、精当。三是对比，即将相对或相反的语文因素进行比较，比如同义词与反义词、对偶句、对立人物形象、相对写作方法之间的比较。四是类比，即用同类的两个语文因素中的通俗易懂的一个来与另一个相比，实际上是进行类比推理。

比较的类型大致有两种：一是求同比较，对相同或相似的语文因素，通过横比或类比寻找共同的规律；二是求异比较，对同类而不同特点的语文因素，通过对比或纵比，区分差异。

比较教学法运用的途径主要有四条：一是新旧联系。学习新知识时，教师可以启发学生联系旧知识，从旧知识中寻找比较对象。二是设问求比。教师根据教学需要提出问题，要求学生围绕问题去收集课内外语文材料，寻找比较点。三是单元教学。一次学习几篇同类课文，启发学生认识它们之间的联系与区别，确定比较点。四是对比讲评。学生完成作文之后，以学生作文为例，展示同一题目不同写法，引导学生比较分析。

（四）得得教学法

简称"得得法"，也称"一课一得，得得相连"。所谓"得"是指教学必须使学生有所得，不仅要使学生学懂，而且要让学生学会。整个教学过程是教一点，学一点，懂一点，会一点；只有懂了、会了，才算是"得"了。一篇课文在为某一训练点服务时，教学全过程大致分为三个阶段：一是自学预习阶段。先由教师做自学启发，然后由学生自学，再由教师着重提示课本中作为例子的部分，为突出训练点的要求做准备。二是逐点落实阶段。教师突出训练点的具体要求，引导学生精读、深入钻研并解剖范例，进行单项训练，落实一"得"。三是读写结合阶段。学生在剖析范例后进行写作的模仿和创造。上述三个阶段形成一条"综合（课文）—单一（举例训练）—综合（作文）"的完整的思维链。得得法本是一种教学体系，并非一种具体的教学方法。但是，这种"一课一得，积小得为大得"的语文教改精神，可以贯彻到教学实践中，不少教师已将"一课一得"作为一种独立使用的具体教学方法。

（五）情境教学法

根据课文内容和教学要求，运用各种教学手段，创设适合于学生学习语文的生动情境，使学生入境会意，触景生情，从而加深理解，开发智力，陶冶情操。情境教学法，作为一种具体的教学方法，已在全国各地逐步推开。运用情境教学法，关键是创设一个语文教学的生动情境。

第一，模拟情境。一般是通过图画、照片、音乐、文学语言、电化教具等教学手段，再现教材提供的情境。根据学生思维与注意的特点，模拟的情境要具有形象性和生动性，可以通过五种途径模拟情境，即以生活显示情境，以图画再现情境，以音乐渲染情境，以语言描述情境，以扮演角色体会情境。

五种途径，可以从中选用一种，也可综合使用几种，最终都要落实到语言学习上。如教《周总理，你在哪里》，可以播放配乐诗朗诵，教师范读并采用多种读法，引导学生反复朗读，使学生既深刻理解课文内容，又得到语言训练。

第二，选取情境。阅读教学，可以借助电教手段配合课堂教学，比如，结合课文放映有关的幻灯、投影、录像和教学电影，使学生如闻其声，如见其人，如临其境。作文教学时，可以带学生走出课堂，实地观察，开阔视野，丰富素材。

运用情境法，一要因文设境，不同文体、不同课文创设不同的情境。二要随机取境，尽量做到因陋就简，就地取材。三要情智交融，创设情境的根本目的还是为了更好地完成语文教学的任务，通过情境教学要使学生更好地学习知识，开发智力，陶冶情操，而不是为情境而情境，走向趣味主义。

要进入学习情境，必须进行情境诱导，情境教学法就是使学生在教师的作用下完成学习过程。因此，教师教学中要注意以下三个方面。

1. 施教的趣味性

兴趣是推动学生学习的直接动力，兴趣的主要职能就是使学生把学习化作自己的动力和需要。"知之者不如好之者，好之者不如乐之者。"这是古代教育家孔子的经验之谈。"所有智力方面的工作都要依赖于兴趣。"这是现代心理学之父皮亚杰的著名论断。教学实践证明，激发学生在思考探索的过程中体验到乐趣，感受到兴奋和激动，是提高教学质量的捷径。而要使学生对学习产生兴趣，教师就要把课讲得情感洋溢，趣味盎然，生动活泼。趣味性，是情境教学法的重要内涵之一。语文教师要千方百计把课上得有味，讲得有趣,让学生在活泼的气氛中,在愉悦的心境里,在轻松的环境下去学习、去探索,品味到语文课的甘甜与芬芳。如要求背诵古典诗词,每次早读一首,日积月累,以提高学生的文学修养,每堂课设计引人入胜的导语,一开始就紧紧吸引住学生。提高教学的趣味性有很多行之有效的方法,常用的有直观演示、开拓想象、抓点拎线、形成悬念、展现意境、激发情感、讨论答辩等。这样的方法克服了学生厌倦消极的心理状态,促使学生以极大的热情投入语文学习的天地,提高学习的积极性,激发了求知的兴趣。

2. 求学的主动性

"'教'不能代替'学',而是启发学生'学',引导学生'学'。语文教学应该把立足点'从教出发转移到从学出发'。"① 教学过程是开发学生智力、培养学生能力的发展变化过程,教学的对象是充满情感和个性迥异的活生生的人,教学的目的只有通过学习者本身的积极参与、内化、吸收才能实现。学生是学习活动的主体,学生能否主动参与,成为教学成败的关键。情境教学法的目标就是提高学生的学习兴趣,开启学生思维之门,培养学生积极主动的学习态度。常言道:好的开始等于成功的一半。激发学生的学习动机,多在导入新课时进行。此时或确定学习重点,让学生有一个目标;或介绍学习方法,使学生前进有路;或导入有术,令学生进入情境。情境教学法十分讲究和重视这一环节的设计。根据不同的教材,针对不同的对象,采用不同的导语。常用的方式有问题悬念式、诗词曲赋式、格言警句式、故事传说式、温故知新式、解题式、练习式、知识式等。学生的学习动机被激起后,无论是好奇、新鲜,还是情感、关注的需求,都形成一种努力探求

① 倪文锦:《语文教学反思论》,山东教育出版社 2021 年版。

的力量，使学生积极参与学习活动，成为学习的主人。培养学生的参与意识，是教学民主的具体体现，它能给学生尊重感、信任感、理解感。学生在主动参与的内驱力推动下，为求知而乐，为探求而兴奋、激动，到达了一个比教学预期目标还要广阔的境界，体验到成功的乐趣，得到一种精神的享受。变"要我学"为"我要学"，学习成为一种自我需要，使学习动机更为稳定和强化。情境教学法使学生在愉快的学习情境中产生学习动机，教师全力创造适于学生潜力发挥的条件，让学生全体参与、主动参与。诚如是，那么在语文教学的舞台上，定能演出有声有色的"话剧"来。

3．情知的对称性

语文教学的过程既是一个认识过程，即智力因素活动过程，还伴有一个意向过程，即非智力因素活动过程。语文是培养学生情感素质与智慧素质的重要课程。在这门课程中，既有一个完整的认识结构，还有一个极丰富的情感世界。情境教学法就是把这两个方面紧密地结合在一起，不仅仅把语文作为工具性的学科，只追求知性目标，还让它成为培养品格与智能双向发展的载体。情境教学法要在循文、悟理的过程中领情、注情、传情，充分运用情感在认知过程中的特殊功能，从学生的学习需要出发，根据教学目的创设教学情境，提供具体的场景或氛围。当学生置身其中，"物色之动，心亦摇焉"，所以"登山则情满于山，观海则意溢于海"。在教学情境中，学生与情境之间发生种种信息交流，加强听说读写的全面训练，努力使语感训练、文感训练、情感训练、智能训练协同发展，全面完成传授知识、发展智力、培养能力、陶冶性情的教学任务。情知对称，经过长期的探寻和实验，"每个情感目标都伴随着一个认识目标"，"你中有我，我中有你"，一举两得，达到了理性（认识）与非理性（情感）的高度默契，实现了教书育人的统一。

（六）思路教学法

叶圣陶先生指出："作者思有路，遵路识斯真。""看整篇文章，要看明白作者的思路。思想是有一条路的，一句一句，一段一段，都是有路的。这条路，好文章的作者是绝不乱走的。"[①] 思路就是作者写作时的思维过程，它外化为文章的结构线索。教师根据作者的思维过程和文章的结构线索，指导学生分清段落层次，把握文章结构，概括思想内容，体会作者思维逻辑性，进而学会独立阅读、分析的教学方法，就是思路教学法。

思路不同，思想境界就不同。所谓"思想境界"，是指文章中作者立意所达到的高度（指中心思想或主题思想），而思路则是作者的逻辑思维通过一定的语言文字的表达，体现思维的条理性。思路有别于语感。所谓"语感"，是读者对作品中具体的语言文字的一种敏锐的感受，并非对文章整体结构层次的理解。思路教学要注意思路"接通"，也就是把作者写文章的思路、教师教学的思路和学生学习的思路三者统一起来，让学生能理解文章的思路。

"接通"的关键在教师，教师的教学思路是联系其他两种思路的桥梁和纽带，所以教师教学时必须吃透两头，一头是文章思路，一头是学生思路。通过深入钻研教材，精心设计教学，运用各种切实可行的教学方法，把两者"接通"，使学生正确理解文章结构和内容。

思路教学的具体做法有很多。一是自读探思路，就是通过引导学生自读，探索文章条理。二是分段显思路，用划分段落层次、归纳段意、层意来显示文章思路。三是提纲理思路，即引导学生编写课文提纲，划分文章结构。四

---

① 叶圣陶、夏丏尊：《跟叶圣陶学写作》，长江文艺出版社 2021 年版。

是设疑引思路，教师按照文章线索设置一连串疑问，引导学生释疑解惑，理清文章思路。五是讲解析思路，主要凭借教师对课文的讲解分析，理清思路。六是板书明思路，用板书设计来显示课文思路。

二、语文教学方法的引进

引进，是语文教学方法变革的另一条途径。

（一）发现教学法

"发现"的本义是指找到前人没有找到过的事物和规律。作为一种教学方法，它是美国心理学家布鲁纳所创。按照他的解释，"发现不限于那种寻求人类尚未知晓的事物的行为，正确地说，发现包括用自己的头脑亲自获得知识的一切形式"①。发现法是教师提供适合学生学习程度的教材，引导学生自己探索，发现问题，寻找答案，得出结论的教学方法。它可以激发学生的学习兴趣、获得长久保持而又便于迁移的知识，培养钻研精神和创造能力。在语文教学中，发现法又称"问题教学法"或"设卡法"。

运用发现教学法的一般步骤：一是设问，即创设问题的情境，使学生内心产生矛盾，主动提出要求解决的问题；二是假设，即由学生利用自己已有的知识，结合教师提供的材料，提出解答问题的合理假设，探索解决问题的途径；三是验证，即让学生从理论上或实践中检验自己的假设；四是总结，得出结论。

发现法在引进过程中得到改造，逐步成为适应各地教学实践的语文教学方法。比如，由发现法衍生的"引导发现法"采用如下五个步骤：一是准备，

---

① 孔繁成：《布鲁纳的教学原则》，山西人民出版社 2019 年版。

教师引导学生明确探索的目标、意义、途径、方法等；二是初探，根据既定的目标和途径，引导学生通过阅读、观察、思考等学习实践活动，主动概括出知识规律，寻求问题的答案；三是交流，教师组织引导学生交流初探成果，对于有争论的问题展开深入讨论；四是总结，学生整理知识使之系统化，教师对学生小结进行评价和修正，使之进一步掌握知识的内在联系；五是运用，学生通过各种形式的练习，完成有一定难度的任务，验证巩固知识，增强运用知识解决实际问题的能力。

（二）SQ3R 学习法

SQ3R 学习法又称"查、问、读、记、复习法"，"五步阅读法"或"五段学习法"，是一种引导学生进行自学的读书方法，始创于美国高校。SQ3R 是五个英语单词的缩写，代表了阅读过程的五个步骤，即纵览（Survey）—发问（Question）—阅读（Read）—背诵（Recite）—复习（Review）。第一步全面浏览，对所学内容做框架式的大体了解，即对所学材料，从内容提要、目录、序言到大小标题、图表、注释等，先粗略地看一遍。第二步略读，着重读物的主要内容（包括重点和难点），并提出问题。第三步带着问题深入阅读，可以圈点、画线或写提示性批语，还可以做笔记。第四步回忆复述，即合上书本，对各部分提出问题予以解答，回忆各个章节要点，巩固学习内容。第五步复习巩固。运用这种学习方法，可以学得比较扎实，适用于需要记忆和深刻理解的精读和必读材料，但它费时较多，对于只需一般了解的略读材料不宜采用。

这种学习方法引进我国语文教学，不但适用于学生自学，而且经过移植，同样适用于阅读教学中的精读课文教学。

（三）科学扫描法

又称"速读法"或"扫读法"，指在有限时间内尽快地、有目的地、有效地阅读文字材料，并获取所需信息的方法，主要原理是采取科学视读法，减少眼睛停顿的次数、时间和回视，扩大视读广度，达到提高阅读速度的目的。

它突破了按字词句读书的习惯，而是一行一行、一块一块地扫视；采用略读和寻读相结合的方式，略去一般性文字，发现重要内容，则减慢速度，按行跑读，遇到关键处，再逐字逐句细细品味。据现代结构语言学统计，通常文章的一般性内容约占全篇的 75%，而要点只占 25%。据研究，一般文章的组织结构，大体可分七个部分：一是名称，二是作者，三是导语，四是一般内容，五是事实、数据、公式之类，六是新奇之点，七是争议之点。速读就像雷达跟踪目标，敏捷地抓住文章中的六、七两点，而将其他略去。这种单刀直入、直取精髓的读书方法，可用较少的时间，获得较大的阅读量。作为一种读书方法，科学扫描法需要加强训练。主要方式有：一是遮盖扫描。读完一行，就用纸片遮盖这一行，以减少回视，增加眼睛的视读广度。二是限量扫描。即限时读完一定数量的文字。三是计时扫描。计算阅读一篇材料所需的时间，再做一些检测理解力的练习题，测定扫描效果，如此多次检测比较，及时反馈。四是块面扫描。编好与横行竖排字数相同的块面阅读材料，让学生一次读一个块面，要求眼脑直映，养成快读习惯，逐步扩大块面字数，以增进每次眼睛的视读广度、阅读速度和理解力。目光在书页字行的狭窄区间移动，视线不仅集中于一页材料每行文字的中心，而且投向这狭窄长条的所有文字。六是直线扫描。视线在每行文字的中线垂直往下移读，要求一次眼停看一行字，常用于阅读报刊。七是顺序扫描。将一篇文章的上述七个部分作为阅读的目的任务，依次扫描搜寻。八是机器训练。采用速示器、速读器等机械装置辅助训练，以加快眼动或扩大视读广度，提高扫描速度。

三、语文教学方法的发展

语文教学方法是语文教学系统中的一个动态的要素，它本身就是一个动态的子系统，是不断运动变化的。语文教学设计应当探寻语文教学方法运动变化的规律，把握它的发展趋向，遵循它的发展途径，做语文教改的"弄潮儿"，将语文教学方法改革推向前进。

（一）语文教学方法的发展趋向

纵观国内外语文教学方法变革的历史经验和现实状况，在今后较长一段时期，语文教学方法的发展趋向主要表现为三大特征。

1. 主导、主体有机结合

语文教学方法是教法和学法的有机统一。随着一个时期处于支配地位的教学思想的更替，教学过程理论和教学方法理论也相应变更。一时主张教师中心，以教法的灌注为主；一时提倡学生中心，以学生的主动为主。这种变更，古今中外几百年乃至几千年来，已经发生过数次。"读史使人明智"，历史的经验促人警醒。经过一番否定之否定后，我们才有主导、主体辩证统一的教学观。语文教学必须坚持教师为主导、学生为主体，语文教学方法应当体现这种主导、主体的有机结合。

2. 知识能力同步教学

语文教学过程是一个传授知识、培养能力的教学过程。语文教学方法既是知识传授法，也是能力训练法。传统的教学理论注重知识的传授而忽视能力的培养；现代教学理论的某些新观点片面强调能力的培养，有意无意地否定了知识的功能，走向另一个极端。我们需要用事实的知识来发展和增进每个学习者的思考力，"正确的知识必须和技能，即运用知识的技巧结合起来"①。语文教学方法必须有利于知识和能力两种教学的同步进行。近年国外出现"第三程度"理论，即学生掌握知识和运用知识，按深度分为三种程度：第一程度是掌握信息，第二程度是具有运用知识的技能技巧，第三程度是善于创造性活动。像发现法、问题教学法、范例教学法、暗示教学法等新的教学方法便是以实现第三程度为目的。我国语文教学方法的改革，应当瞄准国际教育科学理论的新水平。一个学生只有掌握了牢固的知识，具备了较强的能力，才有可能进行创造性活动。

3. 认知个性和谐发展

认知指学生的认识能力，也就是智力；个性指学生的个性心理，即非智力心理因素。智力和非智力因素的和谐发展，实际上就是人的全面发展教育思想的体现，已经逐步成为教育理论工作者和实践工作者的共识。对于语文学习来说，观察、记忆、联想、思维、想象等智力因素，是学生学习的操作系统；而动机、兴趣、习惯、情感、意志等非智力因素，则是学生学习的动力系统。两者的和谐发展，才能全面促进学生的语文学习。

（二）语文教学方法的发展途径

叶圣陶先生提出，要把学生教好，必须有好的教学方法。好的教学方法从哪儿来？来源无非两个："一是向别人学，一是自己通过实践，摸索得来。"学习和摸索，可以求得语文教学方法的发展。

---

① 吴婷婷：《语文教学设计》，西北大学出版社 2021 年版。

1. 批判继承，推陈出新

语文教学方法具有继承性和创造性，这是语文教学方法的基本特征之一。今天的教学方法大多是从古人或前人手中继承过来的。不用说讲授、诵读、议论等常规教学方法承继了自孔子到叶圣陶两千余年教学方法的衣钵，就是创新或引进的新教法，追根溯源，从中也可窥见沿袭的影子。比如，比较教学法是现代著名幼儿教育家陈鹤琴先生提出并在幼儿园教学中起过重要作用的。

这种批判继承的过程，便是推陈出新，便是创造，便是发展。对于过去的教学方法，凡是合理的成分，比如启发式的，结合教学实际的，有利于传授知识、培养能力、开发智力、陶冶情操的做法，予以肯定和吸收；凡是不合理的成分，比如注入式的，脱离教学实际的，不利于传授知识、培养能力、开发智力、陶冶情操的做法，则予以否定和剔除。

2. 引进借鉴，为我所用

"他山之石，可以攻玉。"引进、移植、改造外国的、外地的、他人的教学方法，是发展语文教学方法的"源头活水"。情境教学法，本来是外国的一种外语教学方法，是19世纪下半叶始于西欧的外语教学改革运动的产物，由直接法演变为听说法、视听法、功能法以至情境法等现代外语教学方法；把它移植过来，加以改造，用于汉语的教学，便是一种崭新的教学法。范例教学法，原是德国教育家瓦根舍因首创，它注意从教学大纲和学生日常生活中选择"范例"，以便使教学内容更加典型化，让学生从"范例"的"个别"到"类"掌握知识结构，从而提高教学效率。借鉴它的基本思想，赋予我国语文教学的新内容和新特点，既可创造"读写结合法"，又可设计"得得教学法"。这些教学方法可以有效地与课堂结合，促进语文教育的发展。

"科学无国界"，在新技术革命频频挑战的未来，国家与国家、民族与民族之间各种思潮的相互影响是不可避免的，外国教学方法的引进也是源源不断的。如何结合我国语文教学的特点，结合实际情况，进行科学的选择、合理的借鉴，这是未来语文教学的一大课题。

3. 优化组合，避短扬长

多样性和综合性是语文教学方法的又一基本特征。语文教学方法的这一基本特征，也为它自身的发展开拓了无限广阔的天地。优化组合，是语文教学方法发展的重要途径。这种优化组合，也就是语文教师的创造。如果说继承传统和借鉴外国是"向别人学"，那么这种优化组合便是"自己通过实践，摸索得来"。

优化组合的诀窍在于避短扬长，发挥教师个人教学的优势。如同样一篇朱自清的《春》，不同的教师可以有不同的教法。

可以"导之以情，以读带讲"。"情感派"教师执教，可首先设计一段充满激情的导语，将学生引入"绿满天下"的动人境界，然后边读边讲，步步深入，使学生如沐春风，不知不觉地受到课文内容的感染熏陶。

可以"朗读领先，带动全篇"。善于普通话朗读的教师，从朗读入手，通过朗读的指导和反复朗读，使学生领会文章的思想内容和写作特色。

可以"范文引路，指导观察"。善于观察指导和写作训练的教师，则以课文为范例，通过课文分析和观察指导，培养学生观察能力和表达能力。

可以"一课一得，以读促写"。紧扣景物描写这个重点，让学生领会按照顺序写景和抓住景物特点的写作方法，并付诸作文实践。

"教亦多术矣，运用在乎人，孰善孰寡效，贵能验诸身。"[①] 任何具体的语文教学方法都不是"万能灵丹"，都必须接受实践的检验再决定取舍。

---

① 叶圣陶：《语文教学二十韵》，《人民教育》1962 年第 6 期。

第二章 语文教学方法与过程分析

第一节 语文教学方法的价值体现

语文教学方法的运用是受教学目的制约的，而语文教学的根本目的是使学生获得良好的语文素养，是使教师通过语文教学获得职业的成就感，并且拥有与学生一起成长的美好时光。

一、有利于激发语文情感

教育最本质的特征是它的情感性。苏霍姆林斯基说："学校里的学习不是毫无热情地把知识从一个头脑装进另一个头脑，而是师生之间每时每刻都在进行心灵的接触。"[①]人非草木，孰能无情？无论老师和学生，都是有血有肉、有情感的活生生的个体，情感存在于社会生活的方方面面，存在于学校，存在于学校的语文教学当中。因此，作为教学主体的语文教师，应具备深厚的人文情怀。但在应试教育和部分科学评价机制等的重压之下，语文教师逐渐成为教学的机器。于是，语文教学中鲜活的情感被压抑，丰沛的人文精神被挤干，"语文教师"逐渐变成一份换取微薄薪水的"职业"，教师个人也逐渐偏离当初的职业理想。这样的教师生涯是无聊的。"蜡烛""园丁""工

---

① 孙孔懿：《苏霍姆林斯基教育学说》，人民教育出版社 2018 年版。

程师""太阳底下最光辉的职业"之类的话语亦如对现实教学的警醒。而教师教学过程的机械化、工具化趋向，带给学生的是双倍的困扰：一是遭受刻板、简单、烦琐的训练的折磨；二是造成青春期出现严重的"情感贫血症"，以至于造成长期的精神营养不良。由于机械化、工具化，教师们大多缺乏对教学方法的悉心钻研，"蛮干"的现象普遍存在。这样，语文不仅没能体现人文关怀，反而变成一副冷酷的面孔，让人远离。所以，语文教师的教学应从情感共鸣导入，选用一种具有亲和力的教学方法。

首先，语文教学方法要有趣味性。趣味性浓的语文教学方法能调动学生的参与积极性，产生高水平认知，如"泛故事化文本解读策略"就是一种极具趣味性的教学方法。这种方法把所有样式的文本视若故事，将某一文本视作一个大故事中的若干小故事的共同体，"故事"本身的趣味性使得学生能够以轻松的心情进入文本，学习过程转换成一种演绎故事的过程，在这个过程中体现的是学生参与的极大热情。

其次，语文教学方法应具有体验性。学习的对象经由体验建构成个体精神世界的文化基因。狄尔泰说"体验是构成个人生命的基石"，"是一种生命活动状态，是个体在当下的一种悟解、领会、观照与神思状态，是一种高度澄明的境界。"[①]语文课程标准主张写作要感情真挚，力求表达自己对自然、社会、人生的独特感受和真切体验。体验作为语文教育的最具价值的理念，应该成为常用语文教学方法。"文本"生成于体验，"作品"更是生成于体验。体验的亲历性培养实践主体，体验的形象性培养审美主体，体验的个性化培养性情主体。从某种意义上来说，个体的情感运动直接源于体验。

---

① 张丽娜：《狄尔泰构造性伦理学思想研究》，光明日报出版社 2023 年版。

"朗读设计教学"就是一种具有高度体验性的教学策略。"朗读设计"的"朗读"以"有感觉"为定位，其感觉源自体验，源自充分的感同身受的体验，没有体验，没有充分的感同身受的体验，"感觉"就不可能到位。人在"通向语言的路上"就是要"亲身体验"，人只有在"体验"中才能掌握语言。"朗读设计"的"设计"，以设计作为达成"有感觉的朗读"的基本途径，设计的过程就是充分体验、感悟、理解的过程。在这个过程中，必须呈现出对朗读对象的高度关注，情感与智慧同时到位。可以这样说，"有感觉的朗读"事关语文教育的出路，应得到高度重视。

二、有利于自觉学习

语文教学方法应承认并尊重学生的学习主体地位，培养学生学习的主体精神。学生的主体精神表现为自主性、主动性、自觉性。而自觉性则是自主性和主动性的基础。如果缺乏自觉性，自己就做不了主，仍受制于他人，只能是被动。

什么是自觉性？自觉首先是一种内在的情感倾向，即从心底表达对一种情感的认同，是个体对自我主体性的自律。在语文学习中，自觉性就是学生对自己学习语文的自律。语文老师在语文教学方法的选用上，要本着有利于培养学生语文学习自觉性，有利于提升学生语文学习自律水平的原则。在方法选用上，如果教法和学法分裂，就会使学生处于被动的位置，被老师推着往前走。如果语文学习并非学生个体的自觉行为，语文教学是相当痛苦的。

一般来说，具有共用性的方法是学生形成语文学习自觉性的好方法。共用性的方法，即此方法既是教学方法，也是学习方法。例如，"提纲网络"

教学法，就是一种师生共用的方法。教师可以用"提纲网络"的方法来解读文本，组织教学过程，学生习得"提纲网络"之后，可以用来解读文本，构思写作，甚至可以用来构思自己的演讲。

三、有利于愉快学习

在教学方法的选用上，我们主张愉快地教学，主张学生的学习生活是愉快的，使学生时代成为人生中值得回味的时代。可惜的是，当下的学生生活，普遍存在苦、累、烦、乏现象，书包沉重，作业沉重，老师、家长的期待沉重，学生从早到晚蜷缩在课桌前，埋头苦干，其心理问题呈逐年升高的趋势。造成这些现象的原因是多方面的，但在教学方法的选用上，非愉快化是重要原因。《吕氏春秋》说："耳之情欲声，心不乐，五音在前弗听；目之情欲色，心弗乐，五色在前弗视；鼻之情欲芬香，心弗乐，芬香在前弗嗅；口之情欲滋味，心弗乐，五味在前弗食。欲之者，耳目鼻口也；乐之弗乐者，心也。心必和平然后乐。心必乐，然后耳目鼻口有以欲之。"当人们心情不好的时候，是会出现"视而不见""听而不闻""食不甘味"的情形的。可见，让学生拥有一种健康愉悦的心态，对他们的学习何其重要。赞科夫也说："扎实地掌握知识，与其说是靠多次重复，不如说是靠理解，靠内部诱因，靠学生的情绪状态而达成的。"[①] 因此，在教学方法的选用上，愉快意识必须强化。在教学的具体实践中，我们也看到，当人们心情不好的时候，读了多遍的材料，仍然记不住，勉强记住了，很快也就忘了，因为那时的思维比较迟钝、涣散，判断力低下，极易出错。正如尤克·巴班斯基所说："情感状态总是与内心

---

① （苏）列·符·赞科夫：《和教师的谈话》，管海霞译，长江文艺出版社 2021 年版。

的感激，与有反响、同情、喜悦、惊奇和许多别的情绪相联系着的。正因为如此，注意、记忆、理解某事物的意义在这种状态下由于个人深刻的内心感受而丰富起来。而这些内心感受使上述认知过程加紧进行，并因此能更有效和高质量地达到目的。"一般来说，具有娱乐性的语文教学方法，具有"闲聊性"的语文教学方法，有利于愉快地学习。

语文教学方法的娱乐性，不同于在教学过程中加入娱乐活动，而是方法本身就具有娱乐性。娱乐以人的心情愉快为存在目的，存在于教学方法中的娱乐性，当然就是为教学的愉快而存在。"泛故事化文本解读""朗读设计"等都具有一定娱乐性，因而可引起学习的愉快感。尤其是"演述教学"更是令教学愉快的方法。"演述教学"中的"评书"式演述、"故事"性演述、"相声"性演述、"课本剧"式演述，无不具有"文艺节目"性的娱乐功能。"演述教学"中，学生主动又快活，何乐而不为呢？"闲聊性"，意味着心态平和淡定，人际交流没有压力，意味着不会被"目标"追着跑。在学习上，我们习惯于一分辛劳一分收获，习惯于"书山有路勤为径"，习惯于"恒兀兀以穷年"，不过在方法问题上，辛苦劳作并不一定有好收成。罗扎洛夫的"暗示教学"，就是"不劳而获"的明证。"闲聊性"就是要在那种不经意间，看似没有辛劳，实则得到意外的收获。上海育才学校践行的"茶馆式"教学，就是具有闲聊性的教学路子。"会话"教学的语文教学方法，也是"闲聊性"的教学方法，老师和学生随机展开会话，无拘无束，不需要说服谁，也不需要引导谁，只要会话能轻松地进行下去就行，会话中来些见闻、典故，来点幽默，自然而然中话题渐广渐深，学生情绪渐高，思维渐敏，于是渐入佳境。在这种平易而自然的过程中，学生如沐春风，受到语文的陶冶，无论在认知还是情感方面都是大有收获的。不能片面地认为有严格程序设计的才是语文方法、语文教学过程，往往那种"非设计"性的东西，更有语文味。

四、有利于终身学习

语文教学方法的经营，不应当只是利在当前，更应该利在将来，利在教师经营的一系列方法可以伴随学生终身的学习生活。现在是终身学习的学习型社会，学校教育必须具备服务于学生终身学习的功能，这种功能由许多因素构成，而学习方法因素具有非常重要的地位。因此，我们在方法上既要着手当下的经营，也要着眼对未来的铺垫。

第二节　语文教学的特殊方法

语文教学的方法有很多，如讲授法、谈话法、讨论法、练习法、实验法、演示法、参观法等都是语文教学的常用方法。这些方法同时也是其他各学科教学的常用方法。本节专门讨论适合语文教学的特殊方法。

一、朗读法

朗读是发展学生语感能力最重要、最直接的途径，而语感能力被称为能力中的能力，语文教学应以语感为中心。朗读也是通向口才的桥梁，是形成和提高书面表达能力的最有效途径。朗读又是体悟、把握文本的有效途径。朗读还可以培养人的艺术趣味，发展健全人格。朗读设计教学因生动有趣，贴近青少年的精神世界，极受学生欢迎。这种教学能使学生身心愉悦，对他们注意力的培养、优良习惯的养成、阅读兴趣的恒久有着不可估量的影响。

那么，朗读对读者有何要求呢？朗读不是简单地将文本声音化，而应该是文本信息的口语再现及再创造。说直白一点，就是以朗读者的口头语言去"造型"，造文本信息给定的那个"型"，使听者能"见型"，即如见其人，如闻其声，如历其事，如临其境，如味其情，如谱其理，就是自己读有感觉，让人也有感觉。一言以蔽之，就是要读得"像"。那么，怎样才能读得"像"呢？我们认为应该是"有感觉的朗读"。有感觉的朗读不仅重新界定了我们对朗读的要求，同时开启了我们建构朗读教学策略的思路。

朗读设计是对朗读模式的终端性设计，是对文本信息的整合与创造的口头言语表达，是一种很有感觉的状态。其设计出来的"产品"体现了你对文本的理解、体会及独特的感悟。因此，设计的基础是深刻的理解、深入的体会及独具个性的表达。设计的过程也就成了理解、表达、创造的过程。在这个过程中，形象思维和抽象思维高度互动。形象越鲜明、越具体、越生动，抽象就越深刻，全面有感觉的朗读就越到位。例如，我们要设计《乌鸦喝水》中的一段："一只乌鸦口渴了，到处找水喝。乌鸦看见一个瓶子，瓶子里有水。但是，瓶子里水不多，瓶口又小，乌鸦喝不着水。怎么办呢？"读过这一段之后，头脑中如过电影一般浮现乌鸦在场"境况"，以此进入"我"的思考体会，设计朗读。乌鸦为什么会口渴呢？也许是天气太热，乌鸦太贪玩口渴了。口渴了是一种什么感受呢？它一定很难受。我们自己口渴了不是也难受吗？它是有一点口渴呢，还是渴得很厉害？如果不是渴得厉害，它为什么"到处"找水喝？我们读"口渴了"，得把难受感表现出来。"到处"反映了水源对乌鸦很稀缺，不是它想喝就喝得到的，这弄得它很辛苦，本来就口渴，现在还得"到处"找水。可见这个"找"的辛苦和焦急。所以我们读到"到处"，要表现空间的广度、乌鸦的奔忙。"找"要读出辛苦和焦急。事件似乎出现转机，它看见了一个瓶子，里面还有半瓶水。乌鸦一阵惊喜，苦苦寻找，半瓶水就到了眼前。后面呢，内容一转，"但是"令乌鸦失望极了，瓶口小啊，大嘴乌鸦捣鼓半天，没办法喝到水，怎么办呢？真急死人了。于是我们的朗读就在这种不断的理解和体会中被设计出来了。如果再辅之以相应的形体语言，说这是一种艺术化活动也不过分。由此可见，朗读设计是一种带有很强的探究性的学习活动，在这个活动中，学生的思维能力得到有力的训练，活动中学生的主体意识得以开发和生成。

朗读的设计活动不是我们的最终目的，我们的目的是由此走一条通向上乘语感的道路。在设计活动提升形象思维过程中，语感的建构逐步发展。因此，设计过程也逐步缩短，以至于有感觉的朗读一步到位。读出来的"产品"本身就蕴含着我们深刻理解和体会的、个性鲜明的再创造。从这个意义上来说，"感觉"大于"理解"并涵盖理解。

朗读设计教学的关键在教师。对语文教师来说，朗读应成为他们的必备素养。教师要获得朗读素养，既可通过提高文学修养，潜心揣摩，还可从戏曲、音乐的欣赏等途径获得。

二、演述法

演述的演指表演、演出、演绎、演说，述指叙述。演述的方式因此成为一个"大家族"，至少包含故事化的演述、评书化的演述、相声化的演述、小品化的演述、戏剧化的演述、电影化的演述等。

演述教学法大致经历探究文本、再创造、形式设计、演述演练、演述进行、评价、更新演述七个环节。

文本的探究是最基础的工作。所探究的对象是文本的所有内容，包括文本的细节、构成方式、语言特征及表现手法等。其中不仅有全面的理解，还有探究者的体会和感悟。为演述成功的需要，这个环节必须要做好。

再创造环节是在对文本探究之后，为满足演述要求必须进行的加工改造工作。不仅文本样式要改变，文本内容也要改变。比如，要演述《西门豹》，便要根据故事情节丰富、细节真实充分、人物形象鲜明生动的基本要求进行加工改造。课文中的西门豹具体形象如何并不清楚，只有一个名字，因此，朗读者就需要创造出一个形象逼真的西门豹来，他的长相、身材、性格、事迹，都有必要创造出来。这样的工作就叫再创造，即源于文本创造的再创造。再创造的工作对所有演述形式都是必需的。在再创造中，学生的主体创造性得到肯定和发展，尤其是创造性思维能力得到良好发展。在再创造过程中，学生踊跃地想象、联想，以至幻想，踊跃地发散自己的思维，并且将自己的生活、自己的经验、自己的阅历融入再创造过程，他们会觉得学习是一件十分有意思的事情。

形式设计环节指选择恰当的演述形式。这里的设计表现为选择，也就是说确定哪一种形式更合适一些。合适指学生对某种形式的熟悉程度、喜爱程度，以及新奇程度。当然，演述形式不同，训练价值也有差异。故事、评书强调叙述能力、刻画能力、语言组织能力等。小品强调合作能力、空间虚拟能力、活动能力、组织能力。相声需要合作能力、对话能力、幽默能力、悬念能力。戏剧需要表演能力、时空构思能力、对话能力。电影需要组接能力

（蒙太奇）、镜头运用能力、画面构思能力、音乐音响能力、摄影能力等。一般来说，在学生中宜采用比较经济的形式，如故事、评书、小品之类。另外学生还应具备相应的表演形式方面的知识，可以先采取观摩和模仿的方式让他们有所习得。

演述演练是正式演述的准备阶段，准备到位是其基本要求，要真正满足这个要求就要精益求精。为了做到"精"，就需要反复，尤其需要自我批判，没有自我批判就无所谓反复。自我批判意识的建立、发展是"求精"的必经之路。自我批判是人格完善的必备条件，可见准备阶段对"完整的人"的形成的重要性。反复意味着认真、耐心、坚持，由此可以训练出良好的人生态度，克服浮躁心理。

演述进行环节是展示成果的环节。在展示成果阶段，信心是演述者的法宝，从容淡定应是最佳状态。对于观众要理解、信任、配合。

评价环节也是不可少的。评价应该持一种研究的、改进的、与人为善的态度，把自我评价与共同评价结合起来。评价不仅求是，而且求美求善。

更新演述环节则是前述各环节的整体整合及升华。当然，它不会是一个终止性的环节，它应向更高水平发展开放。如果有比较恰当的机会和充裕的时间，可以再进行演述。

上述所列七个环节，孰前孰后，交叉融合，没有定式，在展开的顺序上可以变通，要因时因人因文而制宜，达到发展学生的语文素养的目的。

老师在整个演述教学活动中充当组织者、协调人、服务员、对话者角色，学生则可以选择独立演述人和合作演述人的身份。演述是需要观众的，观众是作品重要的合作力量。除调动学生演述的积极性，还要调动其作为观众的积极性。合作形式有对应合作、小组合作、大组合作、班级合作。对应合作指一对一的对手戏，或一对多的表演。小组合作可以是循环性的一对多的合作，也可以是组内各司其职的合作。大组合作可以是组际之间的互换性的观众与演述的合作，也可以是表演者与评论家的合作。班级合作则指的是全班性的汇报及研讨。

演述教学对于语文学习来说是一个输入与输出的过程，对于发展学生语感能力作用极大。学生的揣摩和领悟，学生的再创造和表演，学生生动的想象和联想等无不是语感训练。

当然，演述教学也将面临着时间管理、课堂管理等难题，如果要开展这方面的教学，可以采取先小步后大步，先局部后整体，先少数后多数再全部的策略。

三、泛故事法

泛故事法有两层意思，一层是指一切文本，无论是记叙文、说明文、议论文，还是诗歌、散文、小说、剧本、寓言、成语故事，全都可以当作故事看待；另一层的意思是，在同一文本中将大故事分解成若干小故事，如《麻雀》，大故事可以是一个关于麻雀的故事，可以分解成小麻雀的故事、老麻雀的故事、狗的故事、猎人的故事。

（一）泛故事法的操作途径：链接、锁定、搜索、探究

链接，直接使用"这是一个关于……的故事"。例如，这是一个关于"丰碑"的故事。这个故事是"大故事"，然后分解成：这是一个关于将军的故事，这是一个关于军需处长的故事，这是一个关于警卫员的故事。

锁定，锁定其中一个故事以开展关于这个故事的活动，然后再锁定另外的故事进行活动，如先锁定将军的故事，再锁定军需处长的故事，最后锁定警卫员的故事。

搜索，对锁定的故事进行搜索。搜索的范围包括两方面：一方面搜索构成这个故事的要素；另一方面搜索这个故事的联系，包括内部联系和外部联系。内部联系就是要素间的联系，外部联系就是和其他故事的联系。比如将军的故事，搜索到的要素是：①率领一支红军队伍在云中山为后续部队开辟一条通路。②他早把他的马让给了重伤员。③他思索"这支队伍能不能经受住这样严峻的考验"。④他在队伍放慢速度、前面围着很多人的时候，催促部队不要停下来，快速前进。当警卫员跑回来告诉他，前面有人冻死了，他什么也没说，快步朝前走去。他看到了一位冻死的红军老战士。⑤他嘴角边的肌肉抽动着向身边的人吼道："把军需处长给我叫来，为什么不给他发棉衣！"⑥他两腮的肌肉抽动着，像一头发怒的豹子，样子十分可怕，"听见没有！警卫员，叫军需处长跑步过来！"当他知道冻死的老战士就是军需处长之后，他愣住了，久久地站在雪地里，他的眼睛湿润了，缓缓地举起右手，举到齐眉处，向那位跟云中山化为一体的军需处长敬了一个军礼。他什么话也没说，大步走进漫天的风雪中，他听见无数沉重而坚定的脚步声，他坚信，如果胜利不属于这支队伍，还会属于谁呢？

搜索到的内部联系是：①将军思索他的这支队伍能不能经受住这样严峻的考验和他看到了一位冻死的老战士之间的联系。②他看到冻死的老战士和对军需处长的极度愤怒的联系。③他听到冻死的老战士就是军需处长和他愣住了，眼睛湿润了，举手向军需处长敬了一个军礼的联系。④他思索这支队伍能不能经受住这样严峻的考验和他坚信"如果胜利不属于这样的队伍，还会属于谁呢"的联系。

搜索到的外部联系是：①将军和军需处长的联系。②将军和警卫员的联系。③将军和红军战士的联系。④将军和云中山的联系。

探究，就是对我们锁定的故事进行探索研究。探究的内部是故事的意义、价值、特色。意义的探究依据的是文本逻辑，价值的探究依据的是自我逻辑，特色的探究依据的是审美的逻辑。探究活动既可以指向大故事，也可以指向小故事，还可以指向我们搜索到的故事构成要素以及要素间的联系，内部、外部联系。尤其是对搜索到的信息进行探究，对提升我们的语感水平有直接的建构作用。这里以"将军的故事"的探究为例。

1. 意义探究

①《将军的故事》中的将军是一个什么样的人？这个人物的意义是什么？他是一名红军将领，负责为后续部队开辟通路，他为遭遇云中山这样的环境，为部队中伤病严重，为可能吃不上饭、睡雪窝，为一天要走一百几十里路，为可能遭到敌人的突然袭击而担心焦虑，他思索这支队伍能不能经受住这样严峻的考验。他愤怒于军需处长不给那位冻死的老战士发棉衣，他向军需处长敬军礼，他坚信这支队伍一定能取得胜利。从这些可以看出，他是一位负责任的将军，是一位十分爱惜战士的将军，是一位在战士受到伤害时十分痛心的将军，是一位治军严格、思想觉悟高、信念坚定的将军，是一位爱憎分明、感情强烈的将军，是一位形象鲜活的红军将领。将军的意义就在于，红军队伍有了这样的将军，革命必定胜利。

②将军早把他的马让给了重伤员说明了什么？有什么意义？一个"让"字，看出红军领导人爱护战士的传统，一个"早"字，看出这支队伍伤病严重。

③将军看到冻死的老战士想到了什么？由单薄破旧的衣服紧紧地裹在老战士身上，想到军需处长严重失职，不由得愤怒。

④将军向军需处长致敬说明了什么？一是愧疚，二是崇敬。将军什么话也没说，大步走进漫天的风雪中，为什么？如果将军要说，必定是说关于继承军需处长的遗志，发扬他的伟大的革命精神，但将军的一个军礼，已经说明了一切，他大步走进漫天的风雪中的果决行为，自然就成了一种感召力。他听见无数沉重而坚定的脚步声，就是感召力的证明。沉重不仅在脚步，更在战士们心中，因为军需处长牺牲了。坚定，是革命信念的坚定，因为他们心中已树立起一座信念的丰碑，军需处长克己奉公、无私奉献、牺牲自我的精神，已经化作了这支红军队伍的精神丰碑。将军和警卫员的联系，警卫员快步跑回来告诉他前面有人冻死了，说明将军命令警卫员前去察看前面为什么围了一大堆人，警卫员快去快回，准确报告情况，说明警卫员忠实执行命令。后面将军吼道："听见没有！警卫员，叫军需处长跑步过来！"警卫员却无动于衷，引起将军的愤怒，可以看出警卫员已经知道牺牲的老战士是谁了，但跑回来时没有把这一情况直接告诉将军，为什么？可能担心将军会受到很大的刺激。

⑤将军和军需处长的联系是文本的核心。将军为什么对军需处长如此愤怒？是因为衣服单薄破旧导致了老战士牺牲，军需处长怎么能不给老战士发棉衣，尤其这样一位老战士！我们的战士没有牺牲在战场，竟然死于你军需

处长的严重失职，我们这支队伍此刻正面临如此严峻的考验，在我们内部却出现这样严重的问题，将军能不愤怒吗？当得知牺牲的老战士就是军需处长时，将军有什么样的反应？他愣住了。一个"愣"字，说明他受到了巨大的精神冲击，一个精神极度激昂的人，遭遇到和引发他的激烈反应相反的事件，极有可能会思维中断、意识停止、行为变形。他正遭受着精神上和感情上的巨大打击，怎么会是这样？我怎么会这样？他久久地站在雪地里，忍受着心灵上的极大痛苦，怀着深深的愧疚，慢慢升起对军需处长伟大的人格、伟大的精神的无比崇敬。这时他热血沸腾、眼睛湿润，举起右手向军需处长敬了一个军礼。对将军和军需处长的关系，我们不能简单地从一个"误会"来解释，将军没有误会军需处长，军需处长作为他的部下，将军十分熟悉，但此时是"无法辨认他的面目"，这个误会是老天爷造成的，警卫员没能报告将军老战士就是军需处长。将军的必然和军需处长的必然，形成了两者之间的巨大张力，就因为这种张力才鲜活地刻画了两个人的形象，给我们带来深深的感动。将军本身的心理活动，尤其开始的焦虑、思索，这支队伍能否经受住这样严峻的考验，到最后坚信，胜利一定属于这样的队伍。将军的担心，因一个突发事件，成功地得到解决。这就是将军的思索和眼前所见的联系。

2. 价值探究

①关于军需处长。如果我们锁定了军需处长，搜索了关于他的种种因素和联系，我们就可以判断，军需处长的价值是一种信念，他是信念的丰碑。另外，我们也有这样的疑问：军需处长衣着如此单薄破旧，就没有引起注意，他的战士们就没有看到吗？有没有解决的办法？将军把他的马让给了重伤员，就非得要写军需处长将衣服让给其他的战士？②警卫员没有及时告诉将

军，牺牲的人是军需处长，除了我们前述的原因，是不是也有将军脾气大的因素？价值的探究以自我推理的方式进行，是自我的一种实现方式。

3．特色探究

①环境的叙述与描写。云中山环境的严酷，这支红军队伍可能遭遇的困难，为信念丰碑营造了氛围。②将军和军需处长的关系是本文最具特色的描写，本文以一种极强的叙事能力，使将军和军需处长两人的人格特征既鲜活又饱满。③"丰碑"的象征意义及象征性描写。④无言之美，将军向军需处长致敬而无言，大步走进漫天的风雪中，达到"此时无声胜有声"的效果。

（二）泛故事的语感习得分析

1．"泛故事"的语感意义

泛故事伴随的形象思维，是想象联想，是鲜活饱满、流转运动的场景、人物、事件。它天然地激发人们的兴趣，激活人们旺盛的阅读期待，这也是语感的可感性特点的体现。这样的阅读方式比起那种直接采取思辨的阅读方式，让人感到更轻松，更具效率。例如，古诗教学，一般做法总是要进行疏通词语，理解词句，揣摩意境，最后将古诗译成白话，做成一种翻译活动。这样，古诗教学变得了无生机，学生也感到枯燥。时下也有人提倡古诗教学不求理解，懂得字词，诵读一下，积累积累便罢。这种方法难以让学生领悟到古诗的人文价值，持这种观点的人不应知难而退，而应在策略上多想想办法。

白居易的《池上》："小娃撑小艇，偷采白莲回。不解藏踪迹，浮萍一道开。"我们将它链接成关于"白居易的故事"和关于"小娃的故事"，刹那间，我们仿若穿梭到唐朝一同观赏小池。我们看到白居易所见的荷池中，一小娃撑来一小船，直奔白荷花而去。将荷花采下之后撑船而归，白居易心想，荷池又不是你家的，小娃采荷，偷无误，既然偷采，为何不注意隐秘点？被人发现总是不好的事情，你真让人担心啊，你看看船破浮萍，一道分明，真是太不小心了哟。白居易为何不制止，不声张，还为小娃担心？那是小娃此举太天真无邪了。因为此时白居易渐入老境，又多伤病，多少有些消沉，见此一幕，生命力被唤回，多么快活呀。而小娃的故事呢？我猜这小娃是一女娃，见白莲可爱、可喜、可玩，便直奔而去，所以那"偷"和"藏身"的意识全无，好看便采，纯属天然，纯粹率真，并无白居易那些心思。两个人的故事表明童趣之可爱。这两个人的故事，只要老师和学生好好合作，穿针引线，引导启发，学生一定会津津乐道。在这种津津乐道中，便构造出精神上的永恒风景。

2. 搜索的语感意义

搜索的操作很明显地把我们带入一种精细隐微的境界，这和传统的强调重点的教学操作而忽视多层次、全方位的体验认知形成鲜明对比，也和"十万个为什么"式的教学与轻视学生的发问权使主体性埋没形成鲜明的对比。在搜索的过程中，作为主体的学生以主动的姿态自觉进入文本深微境界，这样就为语感力深入文本构成的潜隐深处提供了训练的机会，这种深入潜隐的功力，必然会豁然腾挪为一种知觉能力。实践中，人们的苦心孤诣、殚精竭虑总能收到豁然开朗的奇效，一种直奔中心、直插幽隐的能力便形成了，这便是不需要复杂的思辨程序而直接抓住要害的直觉能力。泛故事化文本解读的搜索训练，便有这种功效。

四、追问教学方法

追问教学方法最突出的功能是求取对文本的深度理解与感悟。追问在教学中出现的频率是居高不下的，当然，追问多为自发性质。这种自发性表现为：一是没有将追问作为一种能力进行有效的训练；二是没能建构起追问的操作机制；三是多为老师单向性的活动，缺乏师生互动。我们特别需要"追问"这种学习的智慧，让它在语文教学中成为一种自觉。

（一）追问操作的思维结构

追问的结果是三位一体的思维模式，即是什么、怎么样和为什么。

"是什么"解决的是锁定追问的对象。这对象可能是文本的题目，可能是一个词语，一个标点，一个句子，一段话，一个情节，一个人物，一个判断，一个细节，等等。

"怎么样"解决的是形态、形状、形象等。"象"的问题，所使用的是形象思维，是想象、联想。追问这一环节直接决定了追问的质量。我们说追问存在的自发现象就和"怎么样"不到位相关。"怎么样"到位，指的是"象"的鲜活饱满。鲜活饱满之"象"就提供了抽象意义，判断其因果，链接其关联的、可靠的凭据，也就是说，"象"的鲜活性、饱满性本身具有强大的穿透性。

"为什么"解决的是因果性、意义性、价值性、关联性的问题。它使用的是抽象思维，是判断、推理、归纳、演绎。它直接运用在鲜活饱满当中，鲜活饱满之"象"为"为什么"提供充分的可能性。同时，"为什么"也有启动"象"的作用。

追问的三个问题，只是一种模型。它在操作中可以置换为相关的问题方式，并且三者之间是不断互动的，不是刻板的程序。

（二）追问方法操作示例及解析

《倔强的小红军》一文中有这样一个细节，小红军牺牲了，陈赓发现他的"鼓鼓的干粮袋"里装的是一块烧焦的牛膝骨。骨头上还有几个牙印儿，这必然引发我们的追问。"是什么"，让我们的思维锁定在牛膝骨上；"怎么样"，一块烧得黑黑的、上方留有牙印儿的牛膝骨。这块牛膝骨从何而来？我们想象这位小红军的干粮已尽，粮袋里的干粮已颗粒无存。小红军早已是饥肠辘辘，于是他一定会找吃的，他到处找寻，一无所获。猛然发现一堆灰烬，心中一阵高兴。但他翻遍这堆灰烬，没见到任何可以吃的东西，只留下些烧焦的残骨，饥饿难耐，眼前一块烧焦的牛膝骨，让他闪过一种饼、馍的幻觉，于是迅速地拾起来，狠狠地一口下去，几个牙印留下了。"吃"的问题没解决，只得扔掉，但又不想扔掉，还是留着吧，这毕竟是牛身上的东西，把它装进干粮袋吧，这袋子空着也是空着，也许还用得着，至少干粮袋变得鼓鼓的呢。这是我们想象到的牛膝骨的故事，合理、鲜活且饱满。现在我们稍微分析一下，这个想象中存在着形象思维和抽象逻辑思维的互动。为什么小红军想啃这牛膝骨？一是因为年龄小，不像成人那么理智；二是饥饿；三是因饥饿出现幻觉。为什么他要把这不能吃的烧焦的牛膝骨放进自己的干粮袋？是因为他觉得这块牛膝骨尚有些用途。这就是我们想象的牛膝骨的故事中形象思维和抽象逻辑思维的互动情况。但我们的追问并未到此为止，我们仍要往前推进。牛膝骨上的牙印儿的意义在哪里？从牙印儿我们看得出这位小红军有一股劲儿。谁会像他那样不管不顾，一口便狠狠地啃下去！这样，我们就清楚地看到小红军身上的倔强劲儿是怎么回事了。这样，小红军三拒陈赓就好理解了，这是性格使然。从小红军身上，我们看到的是一条汉子，一个有骨气的男子汉，正如歌云："红军都是钢铁汉。"

陈赓也是一条好汉，英雄惜英雄，好汉惜好汉。因此，他回想长征那段经历时，才那样荡气回肠，情不自禁。这就是追问之法的奥妙。

又如《小英雄雨来》一文中，敌人严刑拷打雨来，雨来的鲜血"溅"到地上。我们来追问这一个"溅"字，通过"溅"追问"怎么样"的想象联系。这一"溅"字就非同一般，那是怎样一种情形呢？滴落地上的鲜血反弹起来，开出血花，血沫四散。这场面何其惨烈！惨烈中，一方面凸显雨来的超乎寻常的坚强，超乎寻常的意志。另一方面凸显了鬼子的残暴狰狞，其行径绝非常人所为，我们只能视其为一群野兽。但这群野兽的残暴并未征服雨来，雨来人小但伟大，这群兽兵凶残而渺小。这是对一个字词的追问。

再谈谈追问一篇文章的主题，如《灰雀》的主题，往往被定位在"爱"上，列宁对孩子宽厚亲切的爱，对灰雀自然灵趣的爱。如果我们再追问"怎么样"，呈现给我们的是一幅和谐的画面，人与人，人与鸟，人、鸟与自然和谐而生动。这样我们就看到另一主题——"和谐"，它是"爱"的升华，是"爱"伦理的意味向"和谐"的哲学意味的升华。又如《跳水》，一般将其主题定位在对船长表现出来的良好的心理素质和智慧上，即对船长临危不乱、随机应变的赞扬。若我们追问"船长为什么要把儿子弄到一条随时可能出现危险的、做环球航行的船上？为什么他会出此绝招搭救他儿子？"结论是"爱"！带他儿子参与这次航行，是出于历练的想法，出于对新一代接班人的期待，这是一种高瞻远瞩的策略。救儿子的沉着应变，想必也是以这种爱作为动力的。爱，需有爱的能力，当所爱的人身处绝境，你不能一味地宣泄情绪。因此，《跳水》最本质的主线应该是"爱"。又如《麻雀》的中心主题，大家都认为是"母爱"，作为主题，"母爱"确实存在。但经过追问，老麻雀能最终成就母爱，拯救它的幼儿，是因为它的背后站着猎人，如果没有猎人的人道主义精神，老麻雀也难逃一劫。本质上，屠格涅夫的《麻雀》其实是颂扬"人道主义"，通过麻雀事件来表现俄国社会出现的新的价值取向。作为一种新的社会要素，母爱应得到最圆满的结果，普遍的人道主义精神是这种结果的守护神。

（三）追问方法的语感意义

追问以形象思维和抽象逻辑思维的深刻互动，一方面令形象鲜活且饱满，另一方面不断向意义、因果的纵深开掘。因此，它造就了极具穿透力的感觉世界、经验世界，使内心徜徉着体验的景致，将语言文字转化为自身生命的要素，也因此造就了洞悉事物本真的能力，也就是我们称为"直觉"的语感能力。

五、音画整合法

音画整合法的"音"是指音响、音乐、声音，"画"指图画、画面。前者是听觉对象，后者是视觉对象。音画整合是指将音画元素整合进语感生成、发展当中来，使语感形成、发展过程与音画因素联系起来，让音画因素助成语感。

（一）语感与乐感、画面感

从感觉角度来讲，语感与诸多类型的感觉有很大程度的相通之处。比如，语感与乐感、语感与画面感、语感与运动感等。一曲《青藏高原》，李娜给观众带来苍茫雄浑的感受，并用演唱很好地把旋律、歌词的境界表现了出来，可谓珠联璧合，无论以歌词体验旋律，还是以旋律体验歌词，李娜的演唱都会让人倾倒；在李少春先生主演的《野猪林》一剧中，《大雪飘》唱段荡气回肠，唱尽英雄末路的无限悲愤。可以说，李少春先生以自己卓越的表演，"说"出了他对戏文的感受，是语感的戏剧性表达。欣赏美术作品有"读画"一说，所谓"读画"，乃是以深刻的体验，走进画作的意味中去，让心灵与画作的精神交融，与作画者产生共鸣与对话。苏东坡评王维诗作"诗中有画，画中有诗"，便是典型的例子。苏东坡用"画"来感受王维的诗，用诗来感受王维的"画"，一是语感的画面感表达，一是画面感的语感表达。

我们再来看看运动：如在球类运动中，我们知道运动员要有很强的"球感"，球感决定了球员的进球率。天才的罗纳尔多、罗纳尔迪尼奥、贝克汉姆、马拉多纳、维阿、贝利等，无不具备超一流的球感。和语感敏锐的直觉特性一样，运动员需在瞬息万变中，在第一时间做出反应。要做出反应，只能依赖直觉，也就是依赖球感。

（二）音画整合促语感

以音律引发对文本的体验感悟。例如《十里长街送总理》，用《哀乐》和《国际歌》旋律的穿插交叠作为背景进行朗读，那种沉痛、悲愤的感觉将非常深刻；用《东方之珠》的旋律讲《香港夜色》的故事，更能强化香港之爱；用《命运》的旋律来讲《普罗米修斯》的故事，更能激发人们对普罗米修斯的景仰；《文成公主进藏》配以《珠穆朗玛》的歌曲，更能体现雪域风情。

以音响刺激体验的强度。《飞夺泸定桥》，哗哗的雨声、汹涌澎湃的水声、激烈的枪炮声、嘹亮的冲锋号声、雄壮的喊杀声，此起彼落，交织成一片，如此体验红军战士的英勇顽强、克敌制胜的雄心，当非常深刻；《美丽的丹顶鹤》，配以鹤鸣，将使人体验到别样的情趣；《狐狸和乌鸦》，乌鸦那一首"哇"之歌，仿拟一下，活跃课堂气氛；给《龟兔赛跑》配点"嘚嘚"的马蹄声，"咴咴"的马嘶声，"眼前"的场面更鲜活；《雷雨》配以雷声雨声，《观潮》配以涛声、潮声自不待说；《夜莺之歌》配夜莺的歌声，《山谷的回声》配山谷的回声。

以画面来充实语感。语文教学重理解轻感受的现象由来已久，这也许和对"形象化"这一教学原则粗俗化的理解有关。所以，在教学实践中直接展示一幅图、一个物体等，虽然能让学生直观感受，但是也剥夺了学生自主想象的权利，限制了精神产品个性化的多样可能，对学生的语言能力、思维能力的发展构成直接伤害。所以，对待画面问题要十分慎重。我们认为，画面的运用应和学生的想象、联想互动，在互动中使语感更加饱满。因此，要把握好画面出现的时机，设计好画面内容。一般来说，画面宜在学生充分体验、想象、描述之后出现，而不是之前。画面的设计一般动态一点，夸张一点，变形一点，幽默一点，这样利于头脑的轻松和兴奋，易于找到感觉，易于语文和个体的亲和。比如，用风光短片《庐山》来充实《庐山云雾》的感受，就会做到"境界全出"，将《狐狸和乌鸦》做成卡通，狐狸、乌鸦来点人格因素，一定让人印象深刻。

音画元素的综合。音画元素综合性地和言语元素整合到一起，其主要功能是使境界更饱满，感觉更强烈，情绪更高涨。例如，王维的《鹿柴》，"空山不见人，但闻人语响。返景入深林，复照青苔上"。一座人迹罕至、清冷空寂的山林，林木繁茂，时光仿佛回到了远古，却偶然听见三两人声，似乎这山林并不寂静，但这三两人声在天边的寂静中被稀释得若有若无，山林更显空旷幽静。山深林密，已显幽暗，而一抹残阳，欲以温暖照亮这幽林苍苔，但夕照虽美，只是一瞬。一瞬之后，夜幕降临，幽暗更深。诗人王维又是一个画家、音乐家，这首诗集诗、画、乐于一体。王维以其对画面、色彩、声音的敏感，写出了有声的寂静，有光的幽暗，创造了一个特殊的艺术境界。我们不仅需懂得《鹿柴》的诗意，更要体验、默会其境界。体验默会便是徜徉在音画之中。我们可以做这样的设计：走过轻雾弥漫的连绵起伏的山岭，将山岭缓缓拉近，一片茂密的森林，让镜头在幽暗的林间穿引。黝黑的树干，厚重的青苔，堆积的落叶，时有一段溪流潺潺，一抹残阳从枝叶间挤过，苍苔上一道暖红，瞬间淡去，村子逐渐暗下去了，眼前混沌模糊。音乐随画面一起律动，音乐可截取《天籁》的若干段落，可穿插洞箫、古琴的乐句。音响也嵌入其中，叮咚的水声，乍然的鸟鸣、人语、笑声，把这些音响处理得似有若无、若隐若现最好。在音画氛围中默读《鹿柴》，一遍又一遍，于是那境界如在眼前浮现。这样的教学会使学生感悟力大增，语感力大幅提升。

（三）音画整合的语感意义

音画整合和情境教学有某些类似之处，不过，两者不是一回事。区别在于，情境教学营造情境是为达到理解，音画整合是为了体验、感悟，是为了产生深刻的情绪，是为了生成并升华语感。

音画整合的语感意义在于：

（1）音画元素能激发语感，使语言所表达的境界、氛围、情感、情绪，在音画的支持下饱满、鲜活、深刻。

（2）提升感觉的转移能力，将语言转化为音画、音乐、音响等。

（3）提升感觉的综合概括能力。整合的成果形成方式是视觉的、听觉的综合，是全方位的综合，是复合型的经验世界。

第三节　语文教学过程概述

一、教学过程概念界定

教学过程，就是教学进程或教学程序，它反映了教学活动从开始到结束的经过阶段。教学过程各个环节之间，既相对独立又紧密联系，并且有规律地交替和推进。教学过程是教学活动的核心。一般认为，教学过程是教师指导下学生的一种特殊认识过程；也有人认为，教学过程不仅是认识过程，也是促进学生身心发展的过程；还有人将前面的观点综合起来，认为教学过程是多重复合的过程……无论哪种理论，都对当时的教育教学改革有重要的影响，都对教学过程本质的研究起着促进作用。教学过程是人类认识过程的一种形式，因而也要遵循人类认识过程的一般规律，即由实践到认识，再由认识到实践。

但是，它又是人类认识活动中的一种特殊形式，这种特殊性表现在学生的认识对象主要是接受前人已经总结出来的知识，以学习间接经验为主。教学过程也是师与生、教与学的"双向"活动统一的过程，这一对矛盾贯穿于教学过程的始终。从传授知识和技能方面讲，教师是矛盾的主导方面；从获取知识和能力方面来讲，学生又是矛盾的主导方面。教学过程还是一个形成和谐健全人格的过程，学生不仅要掌握知识、发展智力，还要形成良好的思想品德与高尚的情操。对于这些研究成果，语文教师应该从根本上加以把握。综上，我们认为，语文教学过程就是指语文教学的实施过程，是教师有目的、有计划、有组织地指导学生积极学习语文、掌握语文基础知识和基本技能、发展智力、逐步提高语文素养并陶冶情操、完善人格的过程。

二、语文教学过程的要素

语文教学过程的构成至少包括教师、学生、教学内容、教学方法、教学环境五个要素。

（一）教师

教师是语文教学活动的领导者和组织者，在语文教学中起着调控和主导作用。教师必须根据学生的学习目的、学习需要，调动自身的教育观念、教学能力，对教学内容进行组织加工，并选择恰当的教学方法和手段，向学生传授知识、技能，促进学生的学习活动按照既定的目标进行。

（二）学生

学生是完成语文学习任务的主体，是语文教学的出发点和归宿。要把知识转化为学生的能力、智力，必须通过学生自己的认识和实践才能实现。学生的学习情况和学习效果是检验教师教学成果的主要依据，教师的教只有通过学生的学才能达到预期效果。

（三）教学内容

教学内容不仅仅是指教材，还包括语文教师选择、提供给学生学习和掌握的一切语文信息。

（四）教学方法

教学方法，是教师和学生为了实现共同的教学目标，完成共同的教学任务，在教学过程中运用的方式与手段的总称。

（五）教学环境

教学环境，就是影响教学活动的各种外部条件的总和。

以上五个要素，在语文教学过程中各自发挥着不同的作用，相互之间有着十分紧密而复杂的联系，共同构成一个矛盾的综合体。例如，语文教师和学生的矛盾、语文教师和教学内容的矛盾、学生的认识和教学内容的矛盾、学生和教学环境的矛盾……这个综合体一经运转起来，多种矛盾都会体现出来，其中任何要素的性质和状态发生变化，都会影响其他要素乃至整个系统的性质和状态发生变化。

第四节　语文教学过程的主要模式

西方关于教育本身的规律、特性以及教学过程的探索，经历了一个漫长的发展过程。古希腊的哲学家德谟克利特、苏格拉底、亚里士多德，古罗马教育家昆体良等对教育本身的规律、特性以及教学过程都有许多相关的论述。但这些论述都是分散的，带有经验描述性质的，并且主要是采用直觉和思辨的研究方式。17—19 世纪出现了专门研究教育一般规律的教育学，如夸美纽

斯的《大教学论》、洛克的《教育漫话》、裴斯泰洛齐的《裴斯泰洛齐教育
论著选》、赫尔巴特的《普通教育学》、福禄贝尔的《人的教育》、斯宾塞
的《教育论》等，它们成为教育科学的基础理论著作。其中，捷克教育家夸
美纽斯和瑞士教育家裴斯泰洛齐关于教学程序的主张，可以看成是近代教学
过程理论的萌芽。

夸美纽斯（1592—1670）是捷克伟大的民主主义教育家，西方近代教育
理论的奠基者。在著作《大教学论》中，夸美纽斯对教学内容、方法及其艺
术进行了详细的分析和说明，提出了一套教学原则，如直观性原则、循序渐
进性原则、巩固性原则等，奠定了教学论的理论基础，其中的循序渐进性原
则，即教学过程理论的雏形。

裴斯泰洛齐（1746—1827）是瑞士著名民主主义教育家，也是世界上享
有盛誉的教育理论家、实践家和改革家。他通过一系列教育实践探索，在教
育史上第一个建立了初等教育理论和分科教学法，并且提出从直观开始以练
习结束的教学程序的主张。

一、国外教学过程模式

1. 赫尔巴特"四阶段教学"过程模式

赫尔巴特（1776—1841）是德国的哲学家、心理学家和教育家。赫尔巴
特出生于一个律师家庭，从小受到严格的家庭教育，也广泛接触各种新思想。
高校毕业后，他像当时许多文人一样，在贵族家庭中担任家庭教师。1799 年，
赫尔巴特在布格多夫学院结识了裴斯泰洛齐，了解并研究了裴斯泰洛齐的教
育理论。1806 年，他撰写了《普通教育学》，并在哥尼斯堡创办了世界上第

一所教育研究所。在长期的理论研究和教学实践中，赫尔巴特创造了一种新的教学法。他认为，课堂教学过程应是一个完整的结构，要按照儿童心理发展的阶段及特点来选择相应的教学方法。他提出了三种教学方法，即叙述教学法、分析教学法、综合教学法，并把教学分为四个阶段：明了、联想、系统和方法。

第一阶段：明了，即呈现教材。教师让学生明确地了解教材内容，为了掌握新教材，学生必须集中注意力，深入研究学习材料，正确理解所学内容。这一阶段从教学方法上应采用叙述教学法。

第二阶段：联想（又称结合）。即教师运用谈话方式，协助学生把上一阶段获得的新知识和旧经验发生联结，便于知识的吸收、消化，深入理解所学内容。这一阶段在教学方法上属分析教学法。

第三阶段：系统（又称概括）。教师在协助学生掌握新、旧知识与经验间关系的基础上，指导学生对知识进行深入的探究，对所学知识进行整理和综合，使之能够融会贯通，并且从中寻找到规律，得出自己的结论。该阶段运用的教学方法是综合教学法。

第四阶段：方法。这一阶段是要使学生把系统化了的知识运用于实践，即运用所学的系统知识进行练习或作业。

赫尔巴特的四阶段教学过程，主要建立在他的心理学基础上，他比较细致地考虑到学生学习时的心理状态，根据学生不同的心理状态和不同的兴趣阶段进行教学，认为不同阶段应采用不同的教学方法，这些都有助于知识的传授和掌握。可以说，赫尔巴特的阶段教学在一定程度上揭示了教学过程方面的某些规律，应给予充分肯定。后来，赫尔巴特的学生席勒等人进一步发展了这种"四阶段教学"，形成了"预备（提出问题、说明目的）、提示（提示新课程、讲解新教材）、联系（比较）、总结、应用"五步教学法。这种方法强调了教师、教材和课堂的作用，一直被认为是传统教学的标准模式。

赫尔巴特首创的四阶段教学过程，开始了教学过程的理论模式的建构。随后，德国教育家齐勒尔、莱因，美国哲学家、教育家杜威，苏联教育家凯洛夫等纷纷在此理论基础上不断扬弃，提出和论述了自己的教学过程主张。

2．莱因"五段教学"过程模式

莱因的"五段教学"指的是"预备（复习）、提示（讲授新教材）、联想（比较抽象）、概括（规则化）、应用"。1902年，清政府颁行《钦定学堂章程》，采用班级教学制，使用的即是这种"五段教学"过程模式。

3．杜威"五步教学"过程模式

杜威认为应将教育活动的逻辑过程定位在研究和探索领域，提出由"问题、观察、假设、推理、检验"组成的"五步教学"过程模式，大致类似于科学研究的一般过程。

4．凯洛夫"五环节教学"过程模式

凯洛夫的五环节课堂教学结构分别是组织教学、复习旧课、讲授新课、巩固新课、布置作业。这个教学模式于20世纪50年代在我国普遍推行。

必须看到，这些课堂教学过程模式都存在着较大的局限性。概括起来，局限性有以下几点：第一，都以传授书本知识为主，忽视学生发现性、创造性的培养。第二，在对待师生关系上，都主张以"教师为中心"，重视教师的主导作用而忽视发挥学生的学习主动性，没有从教与学的相互作用上来反映教学的总体特征。第三，拘泥于一成不变的教学模式和千篇一律的施教过程，教学过于流于形式。这种死板的要求，既限制了学生的积极主动性，也束缚了教师的灵活性和创造性。第四，都对学生学习过程中非智力因素的作用缺乏重视。

20 世纪 50 年代以来，全世界都掀起了教学改革的大潮，教学过程理论历经衍变，革故鼎新。比如美国心理学家布鲁纳的"课程结构"，斯金纳的"程序教学"，苏联赞科夫的"小学教学新体系"，巴班斯基的"教学过程最优化"，德国瓦根舍因等人的"范例教学"等，这些理论共同点之一就是探索新的教学过程结构，教学过程理论建构得以不断发展。尽管上述教育家们所处的时代不同，立足的哲学思想体系不同，研究问题的方式也不同，但究其本质却有许多相通之处，既有值得肯定、借鉴的一面，也有自身的局限性。其中值得肯定的方面概括起来大致有以下两点：第一，都注重过程的学习，明确提出教学是一个过程而不只是一个结果；第二，都注重新旧知识的衔接，注重促进知识的迁移，主张学习主体在学习过程中通过积极的思索，发现新旧知识、经验内在的联系，再利用这些联系去获取新知识、新技能。

二、语文教学过程的主要模式

和西方一样，教学过程在中国的探索也是一个古老的命题。尽管从先秦到公元 1903 年我们都没有独立的语文学科，但语文学习的活动却源远流长。春秋战国时期，儒家学派就开始了对学习过程中认识因素的探究，产生了学习过程理论的萌芽。例如，孔子主张学习应该"学""思""习""行"四者相结合；荀子把学习过程看成是"闻""见""知""行"统一的过程，在此之后，孔子的孙子、曾子的学生子思（孔伋）在所作《中庸》中明确提出，"博学之，审问之，慎思之，明辨之，笃行之"，对学习过程进行了完整的概括，更是具有开创性的意义。

我国古代学者还有许多关于阅读、写作教学过程的论述，如元代程端礼在《读书分年日程》中说："每句先逐字训之，然后通解一句之意，又通结一章之意，相接续作去，明理、演文，一举两得。"这实际上指明了阅读教学的步骤。宋代朱熹也认为："读书之法，当循序而有常。"主张阅读文章首先要通解字词，了解文字含义，然后综合分析全文内容，进行比较研究，再回读全文，反复领悟，获得新的见解。

洋务运动时期，赫尔巴特的四阶段教学法传入我国，至清末废科举、兴学堂时广泛运用于我国中小学课堂教学，直接影响了我国传统语文教学结构，这从"五四"运动后到新中国成立止，前后三十年间各主要版本的语文教学法著作或包含语文教学法的著作中都能得到证实。例如，江都、曹刍编的《修辞教学法》把课堂教学结构分成四阶段，即"思考、欣赏、练习、建造"；蒋伯潜的《中学国文教学法》把国文教学分为四个步骤：预备与检查、试讲与范讲、试读与范读，最后是相互讨论；钟鲁斋的《中学各科教学法》提出了"五段式"教学：预备、授课、比较、总结和应用；比较有影响的是黎锦熙的"三阶段教程"：理解（预习、整理），练习（比较、应用），发展（创作、活用）；王森然的"精读六步教程"：预习、指示、讨论、结束、应用、欣赏；叶圣陶、朱自清的精读和略读教程：精读教程包括预习、课内讨论、练习三个教段，略读教程包括读书前指导、组织学生阅读、课内讨论、考核成绩四个教段。

20 世纪 70 年代以后，在借鉴国外先进教学理论和总结我国传统语文教学经验的基础上，我们对于语文教学过程探索的深度和广度得以不断拓展，一些新的教学过程理论逐步形成，并在教学实践中发挥了重要作用，散发出夺目的光芒。最有代表性的是上海育才中学的"八字教学法"、钱梦龙的"'三主''四式'导读模式"、宁鸿彬的"五步程序教学法"、魏书生的"六步教学法"、潘凤湘的"八步教读法"、洪镇涛的"五环节教学法"、贾荣固的"整体阅读教学模式"等。

"八字教学法"最早是上海育才中学段力佩先生提出的。"八字"即"读读、议议、练练、讲讲"。"读读"，就是在课堂教学过程中，教师引导学生自己读书，学生按照教师提出的要求，阅读教材，掌握知识要点，把被动接受转变为主动获取，这是课堂教学的基础。"议议"，就是让学生围绕一定的问题（问题可以是教师预先根据内容设置的，也可以是课内学生提出的疑难问题），分组讨论，切磋琢磨，各抒己见，多向交流，达到理解、巩固知识的目的。这样做可以调动全体学生的思维活动，使更多学生有发言的机会。学生在议论过程中，可以相互启发，集思广益，这样既提高了成绩好的学生的思维能力，也带动了学习能力较差的学生，且有助于培养学生的探索、发现精神，这是课堂教学的关键。"练练"，就是使学生将学到的知识具体地运用到实践中去，它是学生巩固知识的一条重要途径，同时，在练习中发现的问题可以再读再议。"讲讲"，即讲解、解惑，可由教师讲，也可由学生讲。经过了前面三个阶段，学生常常似懂非懂，这时候就需要老师进行及时有效的点拨和指导，对学生的学习进行总结，使学生更好地理解所学知识。"八字教学法"主张教师不要牵着学生的鼻子走，而是既积极引导又大胆放手，让学生做学习的主人，注重个体自由发展，培养创造性思维，从而使学生得到真正的提高。值得注意的是，"八字教学法"并非一种机械程式，并非要把每节课都划分为四个阶段，而是要贯穿在整个单元教学中，要因班级和学科的不同有所区别。上海育才中学"读读、议议、练练、讲讲"八字法，是从讲授法迈出的大胆一步，具有开创意义。

1. 钱梦龙 "'三主''四式'导读"教学过程模式

钱梦龙是我国当代著名语文教育家，20 世纪 80 年代语文教学改革的领军人物。"三主"是指"以学生为主体、教师为主导、训练为主线"，"四式"是指"自读式、教读式、练习式、复读式"四种基本过程模式。以学生为主体，就是确认学生在学习过程中的主体地位，把学习的主动权交给学生。以教师为主导，就是在确认学生学习的主体地位的同时，规定教师在教学过程中的作用和活动方式主要是"导"。导，指引导、指导、辅导、因势利导，也就是根据学生的认识规律、思维流程、学习心理，正确地引导学生由未知到达已知的彼岸。以训练为主线，是由于语文的基本性质是工具性和人文性的统一，其"工具性"决定了语文的学习必须把听、说、读、写训练贯穿学习始终。

"三主"思想具体体现在"自读、教读、作业、复读"的四种基本课式之中。①自读课。自读课是以培养学生的独立阅读能力为目的的一种课式，着眼于有计划地培养学生的自读能力。它分六步走，即"六步自读法"：认读、辨体、审题、发问、质疑、评析。②教读课。教读课是教师选择合适的教学方法，指导学生进行阅读训练。教师的"教"指必要的组织、讲授、指导、启发，帮助学生建立新旧知识的联系，使学生进一步理解、消化所学知识。

③作业课。学生在学习后完成一定的口头和书面作业，以强化对知识的理解、记忆和促进学习的迁移。④复读课，是指一种复习性的阅读训练形式。它包括"单篇复读"与"单元复读"两种形式。"单篇复读"是学生在学习新课文后的复习性阅读。"单元复读"是把一单元的课文集中起来进行复读性阅读的训练形式，目的是通过课文间的联系、比较，获得比单篇阅读时更系统、更具规律性的知识。实践证明，钱老师的"三主""四式"导读法能有效地提高学生的语文水平和语文能力，特别是能在较大程度上加深对课文的理解，提高对课文内容记忆的准确性。"三主"既科学地处理了教学中的师生关系，摆正了教师、学生各自在阅读教学中的位置，又正确地指明"训练"是贯穿阅读教学全过程的最基本的教学策略；而"四式"也较好地从操作步骤上解决了导读的方法问题。整个体系完整、具体，有较强的可操作性。

2. 宁鸿彬"五步程序教学"过程模式

五步程序教学过程是指"通读、质疑、理解、概括、实践"五个环节。宁鸿彬，我国当代著名语文教育家，北京市第十八中学语文特级教师。宁鸿彬重视在教学过程中训练学生的自学能力，并在这样的教学思想指导下提出了"通读、质疑、理解、概括、实践"五步程序教学过程模式。"通读"即要求学生自己阅读全文；"质疑"即要求学生在阅读时不能仅仅停留在表面，要对课文深入钻研并且提出疑问；"理解"是在对课文深入钻研基础上获得对疑难问题的解决；"概括"是对所学习内容的归纳、总结；"实践"是对所学知识的具体运用，用所学知识去解决听、说、读、写中的具体问题。五步之中，蕴含着四个相关的环节：一是认真读书，提出问题；二是分析研究、解决问题；三是归纳总结，掌握知识；四是加强练习，运用知识。从五步教学程序中可以看出，宁鸿彬重视培养学生的自学能力，通过这五个环节培养学生善于思考、敢于质疑、精于分析的阅读品质，使其能通过自己的努力获取规律性知识，并且能够触类旁通，灵活运用。

3. 魏书生"六步教学"过程模式

"六步教学"过程是指"定向、自学、讨论、答疑、自测、自结"六个环节，由魏书生创设。"六步教学"过程的基本内容包括以下几点：①定向。教师确定新课学习和训练的重点难点，使学生明确学习方向，心中有所准备。例如，讲《桃花源记》一课，字，生字有哪几个；词，虚词"焉"的用法，"妻子""阡陌交通"古今词义的不同等；句，这　课的省略句式比较突出，列为重点；译，哪　段是重点。还要理解作者在这篇文章里所表达的政治理想以及这种思想的局限性。②自学。学生根据制定的自学目标、学习的重点和难点自学教材，独立思考，自己写答案。不懂的地方，留待下一步解决。此时，教师要予以个别指导，启发学生主动质疑，并且收集普遍存在的疑难问题。③讨论。学生分组，把自学中不懂的地方提出来，共同讨论，寻求答案，教师可适时地加以提示或指点。④答疑。先是学生自己解答疑难问题，每个小组都承担一部分，最后不能解决的疑难问题由老师解答。这是"六步教学法"的关键一环，教师要注重引导学生积极思考，融会贯通，引导解答。⑤自测。根据指出的重点、难点以及学生的理解，由学生自己出题或相互出题检查自己的学习效果。题量一般控制在10分钟之内，当场评分，课堂上就能知道学习效果。⑥自结。下课前，每个学生都自己口头总结一下这节课的学习过程和主要收获，教师在成绩优秀、中等或较差的学生中，选择有代表性的学生，让他们讲述自己的学习体会，使学生之间相互学习、借鉴，取长补短，有所收获。

"六步教学"就是教师通过六个基本环节，来引导学生完成整篇课文学习的一个完整的教学过程。这六步程序，可以依据课文的特点和学生理解的难易程度形成若干变式，如浅近的文章，以学生自学解决为主，其他两步可以省略。若自测效果好，自结则可略。魏书生非常重视培养学生的自学能力。他常常引导学生认识培养自学能力的重要性，鼓励学生树立培养自学能力的信心。他非常赞同叶圣陶先生所说的"教是为了达到不教"，并且在二十多年的教书生涯中始终遵循这条教育原理，终于获得了丰硕的成果。

尽管上述几种语文教学过程的结构并不十分完善，而且适用的范围也不完全相同，如有的适用于单元教学，有的则适用于一篇课文的教学，但这些结构的探索仍有普遍意义，与传统教学过程结构相比，新结构具有以下几个显著特点。

第一，师生关系完全不同于传统式的以"教师为中心"，而是既重视教师的主导作用，更强调学生学习的主体作用，把尊重学生的独立性放到了极为重要的位置，从学生的"学"入手，强调授以自学方法，让学生自己学习，培养自学习惯，发挥学生的主动性，从而使教师的教和学生的学之间的配合达到较好的统一。

第二，教学内容和手段系统化。首先是教学内容的系统化，表现在教师的教和学生的学有了明确的总体目标，总目标下又有若干阶段目标，在实现每个阶段的目标时，又制定出适合师生特点的相对稳定的活动程序，使学生在该程序的指导下进行学习，最后通过逐步调整、适应，形成一个较为完善的适合自身发展的学习体系。教学内容系统化后，教学手段也相应地系统化，教师是有目的、有计划、有步骤地、系统地培养学生的语文能力。

第三，注重评价、信息反馈在教学过程中的作用。从控制论的观点来看，学习是学习者吸收信息并输出信息，通过反馈和评价知道学习结果正确与否的过程。这里的评价，实际上是通过作业、练习、考试等方式对教学效果进行考核的过程。它是教学过程中不可忽视的重要环节。从教师的角度看，教师可以通过评价和反馈来确定自己教学效果的好坏，从而确立新的方案，以利于下一步教学；从学生的角度看，是从教师的评价或其他形式中得到反馈，从而判断自己的学习效果，调整学习方法，以利于下一步的学习。新的教学模式过程都很重视评价和信息反馈的作用。虽然未直接安排测试环节，但教学过程中的"总结""运用""练习"等，实际上也可起到考核、评价的作用。

第五节　语文教学的一般过程式

一、学段教学过程

我国目前的教育体系，决定了语文教学过程的主要学段是指从小学入学开始到中学毕业为止。整个学段都是教师发挥主导作用，不断培养和提高学生语文学习能力，最后学生能够完全独立地学习语文并且运用语文知识解决工作和生活中的问题。但是，根据终身教育和大语文教育的观念，一个人在一生中接受语文教育的过程应该是长期的、多样的、持续不断的。除了学校的语文教育，还有家庭和社会的语文教育，我们还要注意它们之间的联系与配合。

二、学年和学期教学过程

指在一个学年或学期中，语文教师要根据该年级或该学期的具体教学要求，把握学生语文学习主要特征和主要矛盾，确保该阶段教学目标能够实现，同时要注意各学年、各学期的阶段性和前后连贯性。

三、单元语文教学过程

指在一个单元内的教师指导学生学习范文以及进行听说读写训练的教学过程。目前中小学语文教材中的学习单元，往往是由若干篇在某方面相近或相关的文章组成，因而在教学上可使教学活动相对集中，同类型的听说读写训练紧密配合，并辅之以习作以及课外语文活动等，使其相辅相成，共同促进学生利用知识迁移的规律快速掌握知识、培养能力。单元教学的这些优点使其已经成为语文教学过程中的基本结构单位。常见的单元语文教学类型有以下两种：①主次型。教师一般先精读、精讲该单元的重点课文，使学生明确本单元学习目标和学习重点，并进行相应的读写训练，再用通读、略讲或课内外自学等方式学习其余课文，结合重点课文将所学知识和能力加以巩固、深化。②比较型。教师引导学生就几篇课文的某些问题进行比较、分析，通过掌握它们的区别和共同点来达到学习知识、培养能力的目的。

四、课文语文教学过程

指对某一篇课文的教学过程。这个教学过程的划分是多种多样的，从三段到八段都有。但无论哪种划分，都可以大致归纳为以下三个阶段：

（1）导读阶段。教师导入新课，激发学生学习兴趣，提出具体要求，使学生明确学习目标。

（2）研讨阶段。教师指导学生采用某种方式研析课文，学习、掌握相关知识，训练某方面读写能力。如理解作者的思想情感，学习文章的写作特点等。

（3）应用阶段。教师布置练习，指导学生完成练习，巩固所学知识。

这三个阶段只是一个基本过程，每一阶段的具体安排要视教学内容和学生的具体情况而定。

第三章　语文教学模式

第一节　高校语文教学模式的创新思考

一、开放式语文教学模式

语文学科的地位并不突出，原因虽是多方面的，但与其自身陈旧的教学模式有很大关系，具体表现为课程定位模糊，教学内容、教学方法、教学手段和考核方式的固定化和封闭化。因此有必要创建一种开放式的高校语文教学模式，以激发学生的学习兴趣和提高高校语文的教学质量。这种开放式的语文教学模式主要有以下几个方面的特点。

（一）针对学生特点，明确课程定位

语文课程的基本定位是工具性与人文性的统一，但高校语文在工具性和人文性统一方面有别于中小学语文，应以人文性为主，工具性为辅。十几年的中小学语文教学在很大程度上偏重工具性，这是由教育对象的生理特点和知识水平决定的。高校学生生理和心理逐渐成熟，已具有一定的听说读写基础，但随着学习专业的不断细化，所接触的人文课程比较少，许多学生对文、史、哲等了解较少，导致知识面狭窄，因此迫切需要人文精神教育。

"高校语文的综合任务，即在于培养高校学生的人文素养，塑造他们健康的人格，提高他们审美的能力。" "高校语文是知识课、文学课，更是一门人文精神的传播课。"[1] 高校语文在人文精神教育方面具有独特的作用。高校语文所选课文皆为文质兼美的佳作，其优美的语言、鲜明的形象、独特的思想、闪光的人性、深挚的感情、含蓄的哲理，具有春风化雨、育人无声的效果。把人文性作为高校语文教学的主要定位，并不是说语文的工具性在此阶段消失了，而是强调在不同的教育阶段，语文教学有不同的任务。高校语文的人文性教育是通过语言文学作品的教学实现的，不可能离开对语言文字的分析理解和运用，人文内涵丰富的名篇自有其语言表达上的妙处，学生在欣赏中自然会产生学习语文的兴趣，获得语文知识水平的提高。

审美教育是培植人文精神的必由之路，高校语文本身就是一门美的课程。"意美以感心，音美以感耳，形美以感目"的汉字，抑扬顿挫具有音乐美的汉语音节，精练雅致的文言文，活泼晓畅的白话文等，这些都是精美隽永的审美意象。语文学习从某种意义上说是一种审美的过程，教师要善于引导学生深入细致地欣赏经典名篇中的思想情感之美和语言表达上的文学艺术之美，通过挖掘隐含在文本中的真善美，唤醒学生的求真、向善、爱美之心，通过审美教育的滋润、净化，把学生的精神境界不断引向光明与崇高。

（二）结合专业需求，灵活使用教材

教材是语文教学内容的一种载体，是学生学习的材料。目前，高等院校几乎通用同一本教材，缺乏针对性。在高校中，不同专业学生的语文基础不同，对语文学习的要求也是不一样的，教材的选用"一刀切"显然不合适。例如，

---

① 徐中玉：《大学语文教育的理想和伤痛》，《中国教育报》2005 年 9 月 15 日。

理工科专业可以选用现当代和外国文学作品占比大的教材，因为理工科学生古文基础比较薄弱，现代汉语作品可以减少他们阅读时的文字障碍，激发其学语文的兴趣，而文科专业可选用古典文学作品占比大的教材，以进一步提高文科学生的文学素养和文化修养。

教师可在以优秀统编教材为主的基础上，根据学校的特点补充一部分自编讲义。以建筑类专业为例，建筑与文学的关系源远流长，很多古代建筑的流传，很大程度上依赖于文学名篇，如碑文、亭记、楹联、题匾等。这些以建筑景观为题材的文学作品既是诗文与建筑艺术最直接的结合，又是文人参与建筑创作、表达建筑意境的主要手段，对建筑景观有画龙点睛之效果。我们观赏景观的一个主要意趣就是欣赏自然山水、园林建筑和文学元素的融合，如滕王阁借王勃名句"落霞与孤鹜齐飞，秋水共长天一色"以流芳后世，岳阳楼因范仲淹名句"先天下之忧而忧，后天下之乐而乐"而名扬天下。文学作品使建筑景观饱含浓郁的人文色彩，提升了建筑景观的审美价值，如苏州沧浪亭的园名和园林的基本理念都是来自屈原《渔父》一诗的名句："沧浪之水清兮，可以濯吾缨；沧浪之水浊兮，可以濯吾足。"有些文学作品还蕴含着一定的建筑美学和建筑理念，如《红楼梦》第十七回"大观园试才题对额"，这一回集中表现贾宝玉"杂学旁收"的横溢才情，同时也刻画了贾政的严厉迂腐、众清客帮闲凑趣的形象。作者也借这一回阐释自己的造园思想，如借宝玉之口"古人云'天然图画'四字，正畏非其地而强为地，非其山而强为山，虽百般精而终不相宜"，阐述了建筑贵在"天然"的理念，暗合明末造园家计成提出的"虽由人作，宛自天开""巧于因借，精在体宜"的造园理论。教师可以在自编讲义中补充这方面内容，帮助学生把语文学习和专业学习有机结合起来，从而开阔专业视野，调节思维方式，提高审美品位，培育"诗意栖居"情怀。

（三）转变课程理念，拓展教学内容

素质教育要求我们树立大语文观。大语文观主张面向生活、面向大众、面向社会学语文。美国教育家华特·B·科勒涅斯指出，"语文学习的外延和生活的外延相等"。语文是母语教育，我们随时随地都能接触到母语，教师要增强学生随时随地学语文的意识，引导学生把语文学习由课本延伸到生活、由课内延伸到课外、由学校延伸到社会，鼓励学生广泛接触社会生活，参与多样化的语言交际活动，如收看电视新闻、欣赏名胜古迹、留心时事要闻，参加朗诵、演讲、辩论、写作比赛、下乡宣讲等语言实践活动。不论在学校还是在家庭、在社会，我们都可以随时随地发现语言材料，掌握运用语言的各种技巧，让生活成为语文学习的源头活水。

高校语文教师要时刻保持对现实生活的敏感，不断拓展教学内容。教师要突破"唯教科书"的思维定式，根据学生的兴趣爱好提供学习材料，并兼顾经典性和时尚性。时代在发展，很多"90后"甚至"00后"的学生具有多元化的审美需求，教师要充分考虑他们的兴趣爱好，引领他们鉴赏那些以前教材中、课堂上未被关注的文学样式，如网络文学、流行歌曲等，教师要善于选取其中适合做教学内容的语文素材，引导学生养成正确的审美趣味，提高鉴赏能力。这样把流行文化补充进教学内容，可以弥补统编教材正统有余、鲜活不足的缺陷，也可以激发学生学语文的兴趣。

（四）强化主体意识，优化教学方法

素质教育以培养学生的创新精神和实践能力为核心，这就要求在课堂教学这个主阵地上，让学生真正地动起来，积极主动地去学习，并养成终身学习的意识，学会自主学习的方法。因此，教学方法必须以学生为中心，以激发学生主动参与。

目前，高校的语文课基本都是大班上课，以讲授法为主要教学方法。这种方法能够在较短的时间内，有计划、有目的地借助各种教学手段，传授给学生较多的知识信息，教学效率较高，更适合规模较大的班级。人们常常把讲授法与灌输式、填鸭式联系在一起，并将教学呆板、照本宣科、学生缺乏学习主动性看作讲授法带来的必然结果。其实，造成这些弊病的原因不是使用了讲授法，而是讲授法运用得不恰当，即方法本身未能与教师、学生、教学内容及环境相协调。可以说任何一种教学方法都有优点和缺点，主要看怎么用。例如，中央电视台《百家讲坛》的刘心武等讲文学、讲历史用的就是讲授法，但照样引人入胜。教师可以借鉴他们的方法，如巧妙剪裁内容、适当制造悬念、适时提出问题、适度穿插花絮，并且讲授语言要既严谨又有亲和力，生动形象，妙趣横生，富有激情，这样自然会激发学生的兴趣和求知欲。

教师要不断改进讲授法，实现与其他教学方法的优化组合。优化组合应以教学任务的需要、学生的特点为依据。如诗歌教学，教师精讲和学生反复诵读结合，鉴赏主要依靠教师精讲，但诗歌的意境和诗歌的美却需要学生在反复的声情并茂的诵读中品味、感悟。再如小说教学，自学法和讨论法结合，教师只需提供相关的背景资料，就可以放手让学生自学，然后组织讨论，分析小说的主题、人物形象等，给予学生表述自己的思想和感情的机会。

在课堂教学中，教师应充分了解学生的学习情况和情感需求，要善于通过问答式、讨论式、座谈式、游戏式等形式让学生动脑、动口、动手，激发学生学习的兴趣。如果师生能处在一种较为平等、民主的环境中，就会树立一种双向沟通的关系，课堂就不再是教师的一言堂，学生也就成了课堂的主人，师生间可围绕一个共同的主题畅所欲言，师生的认识也不再是如出一辙，对于不同的观点，师生都可以做出自己的选择。另外，教师还要对学生进行相应的学法指导。高校语文教师要指导学生掌握科学的学习方法，指导学生使用工具书、参考书及学会查阅文献资料，使学生学会在有限时间里筛选、捕捉信息。

（五）开放教学空间，丰富教学手段

大语文观呼唤开放教学空间，并突破以课堂、教师、课本为主的上课形式。作为信息时代的标志，网络是现代语文教育的有力助手，其强大的交互功能为语文教学提供了一个开放性的师生互动平台。利用校园官网、网络课堂、网络论坛、QQ 和 E-mail，师生可以直接进行沟通和交流，双方可以针对文章的理解和鉴赏、针对语言的运用和推敲发表各自的观点。学生可以自由阐述自己的见解，对教师的观点提出质疑。教师也可以通过这个平台来了解学生的学习情况，对学生的疑问进行答复和指导。学生还可以把自己的得意之作在线发表，不断提高自己的写作水平，体验自我实现的乐趣。在这种互动式教学中，每个学生都可以自主选择学习，充分体现自己是学习活动的主体，平等地实现个性的自由发展与表现。

网络还给语文学习提供了大量的相关资源，并且使查阅资料的过程变得方便快捷，如百度、新浪、搜狐等大型门户网站里的语文资源丰富，针对性

强，为语文学习提供了极为有力的帮助。在现阶段课堂教学中，多媒体技术成为重要的辅助手段。这就要求教师不断完善课件制作水平，图、文、声并茂的课件可使课堂教学有声有色，从而增强高校语文教学的趣味性和审美性，使学生在兴奋愉快中调动各种感官进入学习状态。

（六）关注个体差异，实行多样化考核

新的语文教育评价观认为，评价不再是为了甄别与选拔，而是为了发挥激励作用，关注学生语文素养和语文能力的提高，促进学生的全面发展。因此，评价指标应由单一的考试评价向多元的综合性评价转化，注重对学生语文素养、学习能力、情感态度、实践能力和创新精神等的综合评价，关注学生的语文学习过程和人格发展。

教师可以对学生实行多样化的考核，并注重平时的考查。学生生活的丰富性、学习时间的灵活性、需求的多样性、思维的独立性和批判性、参与社会活动的积极性等，都给语文多样化的考核提供了便利条件。例如，课堂朗读背诵、回答问题、写读书笔记、参加演讲辩论比赛、参加大学生社会实践活动、参加校园心理情景剧创作或表演等，都可以作为评定学生学业成绩的依据，还可以尝试开展自助考试，包括自主作文、自办刊物、作家作品专题研究等。为考试注入更多的学习、探索、思考内容，把考试的过程变成学习、探索、思考的过程，这也是一种充分发挥学生自主性、展示学生个性的方式。

由于学生存在个体差异，因此教师要从多个角度去评价学生，善于寻找和发现学生身上的闪光点。例如，在阅读理解考核中，要重视学生不同的情感体验和心灵感悟，答案可以是开放式的，只要言之成理即可。在写作考查中，作文题目不必统一，可以同时出几个题目让学生任选一个，并且话题紧

贴学生生活热点，让每个学生都有话可说，把考核和学生平时的校园生活紧密联系起来。

（七）整合课程资源，建立课程体系

高校语文具有涵盖面广、包容性强的特点，涉及哲学、文学、历史、思想、文化、语言文字、写作理论与技巧等多个领域，但均不够深入。因此，可以开设一些人文素质教育选修课程，与高校语文形成一种互补关系。例如，文学艺术类、语言文字类、历史文化类三大类选修课程，不仅可以深化高校语文的内涵，还可以扩大高校语文的外延，与高校语文一起形成人文素质教育课程体系。我们可以整合这些课程资源，通过高校语文课程，激发学生了解及深入学习相关课程的兴趣，弥补高校语文难以深入学习的不足。

二、"大语文"视域下的语文教学模式

近年来，高校语文的教学环境发生了较大程度的改善。与此同时，随着电子媒介时代教育技术手段的进步，原来单一纸质的教材建设逐渐向数字化教学资源集成转变，新形态的高校语文教学模式正在生成。在高校语文具体的教学实践过程中，如何兼顾语言、文学、文化三方面的内容，以教学实绩来彰显其在素质教育中的独特意义和价值，始终是高校语文课程建设的关键问题。笔者认为，以"大语文"的教育理念来观照和建构新形态的高校语文教学模式，不失为一个提升学生语文素养、推进学校素质教育的有效思路。

所谓"大语文"视域下的语文教育，即从灌输学生基础知识、培养学生听说读写能力等工具层面的教学升华到以提高学生审美能力、人文素质为目标的教学，把语文教学拓展到与人生、社会、文化广泛联系的背景之下，构

建一个多元、立体、开放式的高校语文教学格局。从本质上说，"大语文"视域下的高校语文教育是以语言为媒介，以具体作品展示广泛的文化内容，旨在丰富学生心灵世界、构建学生人文情怀的教学活动。它涵盖了语言教育、审美教育以及人文教育三方面的内容。就人的文化心理结构来说，它包含认知、审美、伦理三个层面，肩负着工具性、审美性、人文性三重教学重任与目标。这三重目标，都有很强的现实针对性，同时密不可分、不可偏废。丁帆先生说过，兼顾工具性、审美性和人文性虽然有可能让语文再次陷入"课程定位不清楚"的尴尬境地，但偏废不得。

对于高校语文在现代国民教育中的重要性，社会各界已经有了充分的认识，但在具体教学实践中，仍旧存在泛政治化或泛技术化的误区。应当说明的是，"大语文"视域下的语文课，既不同于施行道德训诫的思想品德课，又并非单纯传授语言技能的基础语言课，而应该是一种具有整合视野的教育。从现实情况来看，三重目标相互依存，不可偏废。如果忽视高校语文的工具性目标，将会导致学生运用母语水准的降低，很多学生文笔生涩、缺乏文采，读写能力低下，连写作一篇短文都错漏百出，甚至有学生直接从网上复制粘贴。如果忽视高校语文的审美性和人文性目标，则对于学生审美能力的培养、精神世界的充实，乃至人格的陶冶、境界的提升，都极为不利。笔者认为，构建"大语文"视域下的教学模式，应努力做到以下几点。

（一）多种教学要素之间的延展与整合

教学活动始终离不开教师、学生、教材这三大要素。从学生角度而言，现阶段我们的授课对象是高校学生，他们思维敏捷，易于接受新事物，传统的教学方式、常年不变的教学内容对于他们来说显然缺乏吸引力。从教材角度而言，目前大部分教材的编排方式虽然仍以"好文章"或古今中外文学史上的经典名篇为主体，但同时也表现了与时俱进、追求新变化的气象。

王步高先生将语文教材的功能概括为五项：一则激活、梳理文学知识，使之系统化；二则弘扬传统文化，传播人文精神，促成学生思想境界的升华和健全人格的塑造；三则改善学生的思维品格，使逻辑思维与形象思维相结合；四则便于自学，使教材介于课堂用书与学生自学用书之间；五则提高学生学习兴趣。与此同时，为方便教学，出版社组织专家编写配套参考资料、教师用书，制作助教光盘，开通同步教学网站等。这种全方位的教学服务对原有的形态单一的教学方式做了进一步的改善，更重要的是，它为教学实践每个环节中可能出现的问题提供了一套系统的、切实可行的设计方案和解决办法，促进了教学模式的优化。这一将教学活动中多重要素整合配套的思路，充分体现了"大语文"的教学理念。

（二）注重作品在当代语境中的意义延展与阐发

"大语文"视域下的语文课程，还意味着教师在讲述作品过程中，要注意将作品的阐释视角延展到当下语境中。刘勰《文心雕龙·时序》中云："文变染乎世情，兴废系乎时序。"我们的高校语文课程在讲授文学经典篇目时，应有鲜明的时代气息。在阐释作品时，应与鲜活生动的当代生活现象与文学思潮充分联系，不仅要对作品的经典意义和历史价值进行归纳，还要对其所包含的现代价值理念以及它对于当下生活的意义或启示做出充分阐发。这将会比单纯局限于作家生平与创作背景的讲述方式更加有趣、灵活、丰富。随着电子媒介的普及与进步，文学的形态正在发生着深刻的改变，我们讲述的内容可做适当的延伸，网络文学以及影视文学的内容都可适当纳入语文课程。

这样可以让学生学会如何做人，如何敬业乐业以及进行更为深入的有关当代人道德与生命的思考。

（三）强调以发散式思维授课

纵观历史，我们的文学素来有"文以载道"的传统。这种传统如果被纳入"大语文"的观照视野中，就不仅涉及文与道的关系，还涉及文与知、文与言以及更广泛意义上的文与道的关系。作品一旦被纳入教学中，它就具有工具性、审美性和人文性等多重特征。它不仅对个体生命具有激励价值，还负有更高层面的文化使命，可启发学生思考，克服思维的片面性与绝对化，使学生多层次、多方面地思考问题，变一家之言为百家之言。因此，我们应当多层次、多角度地挖掘作品的道德、情感、思想价值，以富于个性魅力的方式加以阐说，由此来鼓励和感染学生。

以现代著名学者顾随先生为例，他重传授知识，更重育人，乐于给学生讲授古典文学，尤其热爱新文学，一有机会就给学生讲授新作家的作品，其授课方式备受推崇。当代著名学者叶嘉莹先生是顾随先生的弟子，言及顾先生的授课方式，乃一种"一方面有着融贯中西的襟怀与识见；另一方面却又能不受任何中西方的学说与知识所局限，全以诗人之锐感独运神行，一空依傍，直探诗歌之本质"。这种授课方式，在今天看来，乃一种天马行空、旁征博引的发散式教学方式，以内在理论之相似性连缀材料，多方举证，这才是"大语文"教学理念的最佳体现方式。当然，这种教学方式对教师的学识、修养以及知识面提出了很高的要求，对高校语文教师来说，这是一种提升个人素养的积极挑战。

（四）开设选修课程等辅助手段

在具体的教学实践中，一门课程所能承载的使命毕竟是有限的。高校应充分鼓励开设系列选修课程来辅助和深化高校语文的教学效果。相关的系列写作课程、古今中外的文学课程以及人文素质教育的课程都应该在教学计划中占有重要比例。

另外，围绕高校语文课程内容，邀请专家做讲座，开展学生社团活动、朗诵会、辩论赛等活动，也能够激发学生对于母语的兴趣，营造良好的校园氛围，从而对巩固高校语文课程的教学效果起到良好的辅助作用。这些举措有利于实现高校语文工具性、审美性与人文性三重维度的教学目标，构建"大语文"视域下的语文教学模式。理想的高校语文教学，既是知识技能的传授，又是一种富于诗意与人文情怀的教学，目的在于让学生在掌握基本语言技能的基础上，形成敏锐的感知、丰富的情感、独特的想象、深刻的理解，让他们的精神世界被诗意照亮。

三、高校教育教学模式的探索

在高校教育大发展的今天，要进一步提高教育质量，培养出生产、建设、管理等第一线创新型实用人才，不仅需要更新人才培养理念，还需要进一步创新教学模式。

（一）对高校教育教学模式内涵的认识

有学者认为，教学模式是由教学过程的四要素——教师、学生、教学信息、教学媒体——共同组成的统一体，随着教学信息的流动，这些要素发挥着各自的功能，形成一种稳定的教学程式，这种程式即教学模式。也就是说，教学模式是在一定教学思想或教学理念指导下建立起来的较为稳定的教学活动的结构框架和程序。它既是教学理论的具体化，又是教学经验的一种系统概括。教学模式体现了教师的教与学生的学的行为特征，其中既包括教师的教学方法和教学手段，又包括学生的学习方法和学习手段。高校教育的教学模式是在教学模式共性内涵的基础上加上高校教育的特征内涵，即培养目标的职业性、课程内容的应用性、教学过程的实践性、办学形式的合作性和价值取向的实务性，形成高校教育教学模式。

（二）高校教育教学模式的现状

不断深入的创新教育研究促进了高校教育教学改革的发展，但从根本上看，高校教育在教学上仍未打破传统教学模式，教学工作呈现以下几种态势。

第一，尽管强调知识、能力、素质的协调发展，但在实际教学活动中仍是以传授知识为主。

第二，教学活动以"学科为中心"，强调按知识的系统性来组织教学，这种做法偏离了高校教育培养高级技能型人才的要求。

第三，以"教师为中心"，教师怎么教，学生就怎么学，学生在学习过程中处于知识灌输对象的地位。

第四，以"课程为中心"，强调课堂教学的单向传输，不注重第二课堂的教育。

第五，"以教材为中心"，靠一本书打天下。

第六，评估手段以笔试为主，一张试卷见高低，这种考试制度及其所强化的标准答案意识，重知识再现，轻独创性思维。

第七，课堂教学手段还是以黑板加粉笔为主，采用现代教学手段的教师还不多。

第八，人才培养规格整齐划一，缺乏多样性和丰富性，学生个性发展空间不足。

第九，课程体系综合化程度不高，存在重专业轻基础、重必修轻选修、重理论轻实践的现象，导致学生无特长、学校无特色，不利于创新人才的成长。

高校教育必须要改变传统的教学理念和教学模式，促进知行结合，激发学生的创造性思维，引导学生进行探究性、研究性、综合性的学习思考，培养更多的适应时代发展需要的创新型人才。

（三）高校教育的新教学模式

随着教学模式改革的深入，人们逐步树立起素质教育、创新教育的教育思想以及"以学生为主体，教师为主导"的新的教学理念，传统的以教师为中心的传授型、继承型的教学模式开始转变，基于素质、创新、实践、应用的新的教学模式不断涌现，初步形成高校教育人才培养模式的新亮点。

1. 多维互动的教学模式

多维互动的教学模式是高校教育的新模式。多维互动的教学模式是指教学过程中，教师与学生、学生与学生在平等、合作、和谐氛围下形成的互相沟通、互相交融的环境中，最终实现教学相长的一种教学模式，具体表现形式为互动式教学模式与自主式教学模式。

①互动式教学模式：是指改变课堂教学中教师绝对权威的主体地位，创造师生平等、合作、和谐的课堂氛围，使师生在知识、情感、思想、精神等

方面的相互交融中实现教学相长的一种新的教学模式。它的本质特征是师生平等和相互尊重。这种教学模式促进了师生交流由单向交流向双向交流的转变，由不对等交流向平等交流的转变，由静态交流向动态交流的转变，同时也使学生由被动接受向主动接受转变，由单纯的吸纳向创新和创造转变，使教育由单一的知识教育向综合的素质教育转变，进而形成了信息互动、情感互动、思想互动、心灵互动的新局面。互动式教学模式的推进，对高校教育人才培养质量的提高起到了很大的促进作用。

②自主式教学模式：是指充分发挥学生的学习主体地位，广泛调动学生理论学习的积极性和主动性，提倡学生参与确定学习目标，制订学习计划，参与教学评价，培养学生自主学习、主动发展的意识，使其达到"自我投入、自我思考、自我操作、自我提高"的良好学习境界。在这种教学模式的指导下，教师通过对学生的有效指导和学生间的有效交流，帮助学生自主创新学习，培养学生的创新意识、创新精神和创新能力。自主式课堂教学结构按"自学—说学—评学—导学"步骤进行。这种模式的本质特征有三个：一是由原来单纯的知识传授向多元能力训练转化；二是由单一的应试教育向轻松活泼的理论学习活动转化；三是由"以教师为中心"的主讲制向"以学生为主体"的主导制转化。

2. 多维互助的"产学结合、校企交替"的情境化教学模式

多维互助的"产学结合、校企交替"的情境化教学模式开辟了理论与实践结合的新途径。这一模式是指在组织教学的过程中，学校与企业之间为培养人才而采取的互帮互助、"情""境"融合的双赢的教学模式。具体表现

为工学交替制、产学研一体化、产教贸一体化、"双证制"、技能模块组合、校企综合实施"2+1"等多种教学模式。

①工学交替制的教学模式：工学交替是指整个学习过程为在校学习和企业工作的交替进行过程。它促进了理论教学与实践教学的结合，使学生所学到的知识更为牢固。某些高等院校已经实施工学交替制的教学模式：在教学组织上采取分段式教学，学生第一学年在校内学习文化课及基础理论课程，第二、第三学年学习专业模块，实行工学交替制，一边工作一边学习；在管理上，采取岗位角色管理，上课日由学校按学生身份管理，考核其学习成绩，工作日由企业按员工身份管理，并根据考核业绩发放工资。这种工学交替制的教学模式，使专业理论的学习更加贴近生产实际，对培养学生的综合能力、应用能力起到了很好的促进作用，同时也使学生一毕业就能上岗工作。

②产学研一体化的教学模式：产学研一体化是指以生产、科研、教学相结合的方式来共同组织教学，培养人才。其中，"产"主要指生产实践，"学"主要指学生参与生产和科研实践的教学过程，"研"是指科技研究。这种教学模式以学校和企业的紧密结合为前提，以科研部门参与为基础，努力促进教育、科研、产业的互动式发展，构建理论教学、实践教学和素质教学相互融合的教学体系，以提高人才培养的质量。例如，辽宁职业技术学院推行"产学研一体化"的教学模式，以学校的科研项目为依托，实行两个"三结合"，即教学、科研、生产三结合，教师、学生、工人三结合，探索出植物生产类专业的"双线式"教学模式、生物技术类专业的"融合式"教学模式等灵活

多样、各具特色的教学模式，将理论教学、实践教学和素质教学紧密结合起来，增强了学生的动手能力和适应社会、服务社会的能力。

③产教贸一体化的教学模式：这是一种集生产、教学、市场营销为一体的教学模式，它使教学面向社会、面向市场，使教学过程真正融入市场，实现了生产、教学、营销的相互贯通、相互促进。这种教学模式有利于教育资源的合理利用，把学生在校学习和在公司实践统一到一个完整的教学过程中，使课堂教学与现场教学有机结合，强化了学生的动手能力。在这种教学模式中，教师既是教学工作的组织者和实施者，又是生产者和经营者。学生在现实的氛围中锻炼了职业能力和创业能力。从专业建设角度来说，学校可随时了解现场职业岗位的变化，并据此调整教学计划，更新课程内容，使专业建设与市场发展同步。

④"双证制"的教学模式："双证"一方面指学生在学习期间按照学校的教学计划，顺利地完成学习任务，毕业时拿到学校发给的毕业证书；另一方面指学生在校期间参加劳动部门举办的职业岗位培训、考试与鉴定，并获得相应的职业岗位证书，如导游证、会计证等。"双证制"的推行提高了学生的岗位能力、职业能力和创新能力，增强了人才培养的职业性，实现了人才培养与社会职业岗位的接轨，提高了人才的竞争力。

⑤技能模块组合的教学模式：技能模块组合是指将专业教学所包含的各项技术能力相对独立为一个个模块，每一个模块又根据所应掌握的知识和技能分成若干教学子模块，按照由浅入深、由易到难的技术形成特点，分块强化，优势互补，逐个突破。在教学过程中，根据所要达到的具体能力目标，

选择相应的教学模块，实行多种模块并用，让学生边学、边练、边用。这种教学模式专业性强，目标明确，重点突出，有利于设计合理的模块组合，便于灵活组织安排教学。

⑥校企综合实施"2+1"的教学模式："2+1"是指学生两年在校内学习，一年在企业实习实训。学校与企业共同制订人才培养方案和教学计划，共同安排和实施教学活动，采用这种教学模式培养出的毕业生在市场上供不应求，切实形成了企业与学校产学结合、互为依托、共扬风帆的局面，真正做到学校满意，用人单位满意，毕业生满意。用企业的话说：学生来了就能用，来了就是骨干。

总之，随着高校教育的发展，高校教育教学模式还应根据不同行业、不同地区、不同专业、不同课程进行不断探索，总结出新的、更具特色的教学模式，为我国高校教育教学改革做出更大贡献。

第二节 语文教学模式的优化构建

一、主题化语文课堂教学模式的构建

以计算机为主要标志的信息技术的迅猛发展与日益普及，引发了现代人学习和生活等各个领域越来越深刻的变革。信息技术与学科课程的整合为教育改革应对信息时代的挑战提供了思路。主题化课堂教学模式是指在相应的知识主题下，在完成某一主题带来的大量任务的过程中，学习和掌握学科知识的过程。

（一）主题化语文课堂教学模式的操作步骤

1. 创设情境

其作用是使学生切实感受到学习主题的必要性，激发学生的学习兴趣，从而产生完成主题的动机。当学生的注意力被课文吸引，学习的兴趣、动机就会被激发，学生便会在妙趣横生的情境中产生强烈的学习动机。

2. 提出主题

提出主题的作用是使学生明确自己将要在一个什么样的主题范围内和什么样的框架下进行学习和研究，如在《荷塘月色》一文的学习中，理清作者思想感情的变化及发展脉络是学习文章的重点之一，这也有利于学生揣摩作者遣词造句和运用语言的技巧，因此，明确并领悟作者在文中所表达的思想感情是该课时研究的主题。教师在提出主题后，应立即引导学生选择完成主题的方法与手段。

3. 完成主题

完成主题是主题化课堂教学模式中最重要的一环，它关系到主题化教学的成败，主要包括以下步骤。

①教师要指导学生学会使用计算机和利用网络检索获得相关信息，这是开设主题化教学的前提。教师可以介绍一些常用的搜索引擎，如百度、360等。

②学生获取信息后，教师要引导他们使用合适的方法对得到的各种信息进行过滤、分析、处理，并对所获得的信息形成一定认识。例如，为了理解《荷塘月色》一文中作者的感情，教师可以引导学生了解作者写作的背景，让学生结合课文上网检索有关《荷塘月色》的分析视频，并进行学习。在这

个过程中，教师可以指导学生通过浏览、分析、讨论、交流等方法处理信息，让每个学生根据自己得到的信息初步形成自己的学习体会、研究成果或假设推论，并以论文、电子邮件、幻灯片等形式将这些初步成果表现出来。这个获取信息、过滤信息、分析信息、处理信息、使用信息的过程正是指导学生深入研究主题的过程。

③对初步形成的成果进行研讨。在这个阶段，教师可利用多种形式来完成对初步成果的研讨，通过班级交流、群组合作或借助网络功能和学生进行一对一、一对多的交流，学生则继续收集并分析信息，验证假设。教师身为教学过程的组织者、引导者，要充分发扬民主，鼓励学生发表自己的看法。教师本身只提供必要的信息，给学生一定的背景知识，启发和引导学生自己去发现规律、纠正错误认识、补充片面认识。在讨论中，教师设法把问题逐步引向深入，以加深学生对所学内容的理解。

④经过充分的研究、讨论，学生再根据收集到的信息，完善自己的成果，形成新的更高层次的学习体会或研究成果。

4. 成果展示与交流

经过之前的获取信息、处理信息、形成观点与成果等过程就完成了阶段性成果。但是阶段性成果的完成并不是主题化教学的结束，学生还要学会展示、推销自己的成果，并利用各种渠道、各种形式对已完成的主题进行展示和交流，如用电子邮件将自己的成果发送给师长、朋友或向报刊投稿；将成果做成演示文稿在班内展示；采用小演讲、辩论赛的形式和同学交流等。实践证明，这些方法都可以给学生带来满足感和成就感。

围绕知识主题，主题化课堂教学模式以学生自主学习为主，以信息技术为主要学习工具，强调获取信息、过滤信息、分析信息、处理信息，重视学习的全过程和学生的协作学习。实践证明，这种模式可以培养学生的创新能力，使学生学会学习、学会合作、学会交流、学会分享。

（二）主题化语文课堂教学模式的运用原则

主题化课堂教学模式在运用过程中可能会碰到各种问题和困惑，如如何处理信息技术与语文教学的关系，如何确定主题，能否使学生全员参与等。妥善解决实践过程中可能出现的种种问题，确保课堂教学的顺利、高效，需要教师讲求教学艺术。实践证明，主题化课堂教学模式运用的艺术应基于以下三个原则。

1. 以教学主题为灵魂

对主题的不同认识会带来不同的主题化课堂教学。要想使主题成为课堂的灵魂，教师必须明确教学主题。

（1）主题是教学环节的中心

主题化课堂教学以主题为核心，无论是自主学习主题，还是合作探究主题，都离不开主题。主题应是课堂教学环节的中心，教师和学生应紧紧围绕主题展开活动。

（2）主题是吸引学生的磁石

虽然提倡由学生自主讨论提出主题，但这一过程也离不开教师的指导。教师指导应立足于激发学生的学习兴趣，提出主题的研究价值。兴趣是行动的前提和动力，有研究价值才能激发学生的学习兴趣。

（3）主题是通向语文的大门

主题化课堂教学的主题提出和探讨都要建立在语文教学的基础上，且不能违背语文教学的宗旨。主题仿佛语文的大门，学生通过研究主题这扇大门进入美丽的语文花园。

2．以信息技术为翅膀

信息技术不应被看成是一只万能之手，而应当被看作一对能让学生腾飞的翅膀，它能带学生进入主题学习的自由空间。在对待信息技术的态度上，应该具有以下认识。

（1）信息技术是语言的翅膀

语言文字教学是语文教学最主要的内容以及最基本的途径和方式。运用信息技术的演示和交互功能，能突出重点，突破难点，提高教学效率。

（2）信息技术是想象的翅膀

有人认为，信息技术的直观性遏制了学生思维和想象的发展。其实，这是对信息技术的误解。教师不能向学生呈现终极"想象"，而应创设情境，激发学生的想象。例如，在进行古诗词教学时，教师可边播放优美的配乐诗词录音，边适时加以形象化的语言点拨，引导学生运用联想和想象，在脑海里再现课文描述的"情境图"。

（3）信息技术是思想的翅膀

一篇文章的内容是有限的，而信息技术在瞬时提供给学生的大量信息有可能形成、改变或引导学生的思想。

3. 以全体学生为主体

社会建构观的代表人物，苏联教育学家和心理学家维果茨基认为，人的认知是在一定的社会文化背景下，与他人及社会的互动中主动建构的。建立于建构主义理论基础之上的主题化课堂教学模式本身非常重视发挥学生主体性，但要让学生最大限度地在自主、协作和会话中达到"建构""生成""多元"，需要在以下几个方面突出学生的主体性。

（1）学生是学习目标和学习内容的主体

在传统教学中，学生"学什么"是由教师"教什么"决定的，学生没有自主选择权，而主题化课堂教学模式的学习主题是由学生自主讨论决定或在教师引导下共同决定的。学习内容也由学生自主决定，学生想通过信息技术了解什么、掌握什么，完全凭自己的需要，教师不能过多干涉。

（2）学生是学习过程和学习方式的主体

在主题化课堂模式的教学过程中，无论是提出主题，还是执行自主学习主题、合作探究主题、深入延伸主题，都应在主体参与下进行。学生学习方式应是自主、合作、探究式的，让学生作为主体参与和发展教学活动是主题化课堂教学模式的一大特点。只有这样，才能充分体现课程标准的精神，体现新型教学文化的本质，即以学生的发展为中心。

（3）学生是学习情感和学习结果的主体

回归生活的教学哲学思想强调人的意义在于理性和感性的统一。主题化课堂教学模式应自始至终尊重学生的情感体验，只有这样，才能使学生在主题的提出中生情，在自主学习中增情，在合作探究中激情，在创造延伸中进情。

（三）主题化语文课堂教学模式的两点忧虑

执行主题化课堂教学模式过程中，有这样一种忧虑，认为信息技术在创设情境、激发兴趣方面是可行的，但对语言文字的训练往往落不到实处。事实上，语言文字教学是语文教学的主要内容，是语文教学最基本的途径和方式。运用信息技术的演示和交互功能，恰恰能突出语文教学的重点，突破难点，大大增加语言文字教学的密度，提高语言文字教学的效率。教师可以利用 PowerPoint 或者其他课件制作工具，给学生提供各种学习素材，也可以利用信息技术编写自己的演示文稿或多媒体课件，如教师可以将全文内容切换到屏幕上，通过讲解重点段落，使学生能够较快理解文章用词的准确性，或者把设计好的教学重点和练习及时、有序地显示出来，还可以通过投影对学生做出的阶段性成果加以评析，让学生及时了解自己和同伴的学习结果。这样，课堂教学的信息量就会明显增加，学生快速思维、快速阅读、快速表达的能力就可以得到训练和强化。例如，在进行宋词《雨霖铃》教学时，为了突破"今宵酒醒何处？杨柳岸，晓风残月"这一意象的教学难点，教师通过让学生查找并展示关于"杨柳""晓风""残月""酒"的相关资料，引领学生体悟。

关于主题化教学的另一种顾虑认为，信息技术在知识的传授上可以以其形象性和高密度性独领风骚，但同时也会因为它的直观性遏制学生的思维和想象，这其实是对信息技术的误解。古诗词一般都写得比较含蓄并且寓意深刻，耐人寻味。在古诗词教学中，教师可以借助现代教育技术形象生动的优势，启发学生的思维和想象，再现课文描述的情境，收到良好的教学效果。教师在古诗词教学中，可以运用标准的配乐诗词录音带，并在播放中适时加以形象化的语言点拨，把学生带入古诗的意境，引导学生联想和想象，在脑海里再现课文描述的情景。例如，学生想象的《山居秋暝》和《念奴娇·赤壁怀古》两首古诗词的"情境图"绝不会一样，有些"情境图"甚至要比绘画出的"情境图"更形象和生动。学生在自己构思"情境图"的过程中能体验到心旷神怡的感觉。此时，他们所欣赏到的美不是图形美，而是真正的语言文字的艺术美。学生由注意而产生兴趣，由兴趣而入境，由入境而领略艺术美的真谛，从而在潜移默化中提高了审美情趣，增强了想象能力，提升了语言表达能力和写作能力，促进了智力的发展。可见，信息技术如"马良的神笔"，只要运用恰当，就会发挥出意想不到的效果。

总之，运用主题化课堂教学模式，对课程知识内容、传授的形式进行重组、创新，实现语文教学与信息技术的整合，能够使学生进行知识重构和创造，从而提高教学效率。主题化教学只要运用得当，就能攻克语文学习中的一座座堡垒。

二、自主学习教学模式的构建——以师范类学生为例

语文教学法是一门理论应用学科，也是师范类学生必修的专业课程。开设这一课程旨在对师范生进行语文教学的初步训练，使他们掌握语文教学法的基本知识，具备从事语文教学的初步能力。但从现状来看，这门课的功能并没有得到有效的发挥，任课教师常常为诸如"理论与现状的脱节""学了没有用"等质疑而烦恼。分析原因：一是教师"照本宣科"，重讲轻练，教学形式单一；二是学生缺乏参与意识，被动地接受知识和储存信息；三是与当前的语文教学联系不紧密，缺少真枪实弹的演练。

因此，构建一个适应学生发展需要的课堂教学模式已势在必行。在教学法课程的教学中，尝试启用"自主学习"教学模式，旨在强化主体参与，优化教学过程，力求培养学生学习理论课程的兴趣，使每个学生都能自主学习，热爱语文教学，并最终形成教学能力。

（一）理论依据

自主学习是指学习主体有明确的学习目标，对学习内容和学习过程具有自觉的意识和反应的学习方式。认知建构主义认为，自主学习是学习者根据自己的学习目标、学习任务的要求，积极主动地调整自己的学习策略和努力程度的过程。当学生在元认知、动机和行为三个方面都是一个积极参与者时，其学习就是自主的。自主学习就是要改变学生在教学中的被动地位和过分依赖的学习方式，突出学生的"主人意识""参与意识""主动意识"。在培养学生知识、能力的同时，也培养学生的学习情感、学习态度和学习习惯，使他们既能掌握基本的适合自己的学习方法，又能为自己的持续学习奠定基础。

现代素质教育理论立足于促进学生的发展，对师范类学生来讲，更要以尊重其自主性，培养其创新精神和实践能力为核心。课堂教学是学生自我表现和自我发展的过程，教师应该引导学生追求自我完善和发展，学科本身也应着眼于学生应用能力的培养，这就需要教学过程中理论要与实践相结合。自学、自练是学习的有效途径，教师要引导学生自主学习，并真正参与教学活动，从而取得实际的学习效果。

（二）研究过程

1．教材新读

教材的编写往往滞后于时代的发展，目前的语文教学法教材在语文学科性质的完善、教学目标的制订、教学理念的更新、学生学习方式的改变等方面，都存在欠缺。如果依旧"照本宣科"，这门课就失去了鲜活的生命力，学生也就失去了学习语文的兴趣。因此，教师应在教学中把课程标准作为基础理论学习的重要环节，引导学生理解语文课程中的四个基本理念，正确解读语文的性质，掌握语文教学设计的三个维度，让这些新的课程理念先在学生头脑中扎根，用这些动态的课程信息盘活学生的理性思维，然后在涉及相关理论的每一章节的教学中，要求学生用课程标准的要求重新认识，并学会分析比较。

2．课堂实施

在每一章节的教学中,可采用读、问、议、练四个环节的"自主学习"模式。

（1）读一读理论

"读"是指学生自主阅读教材相关章节，主要阅读两个方面的内容。一是阅读教材的基本教学理论。这一般可以放在课前预习中完成，课堂上再阅读时可按照教学重点进一步集中阅读，以期获得比较鲜明的印象。二是案例的阅读。结合相关教学案例进行阅读，边阅读边思考。思考在阅读过程中是必不可少的，是进入下一个教学环节的关键。此时教师可以安排好思考题，也可以让学生自己提出问题。当然，这期间教师需要适当引导，使学生更好地理解重点理论。

（2）问—问疑点

"问"是指学生质疑问难。学生通过质疑，可发挥内因作用，产生思维兴奋点和认识矛盾冲突。例如，学生自读"教学原则"这节内容时，针对语言文字训练与思想教育相结合的原则，学生会提出两个问题：一是这个原则在语文教学中是否不重要了？因为课程标准对学科性质的界定已做了很大改动，突出工具性的交际功能，强调其人文性；二是应该怎样理解思想性和人文性的关系？在教学中认真做好这一环节的教学工作，无疑会活跃课堂气氛，激发学生积极地思考。

（3）议—议重点

学生在阅读和思考以后，需要把自己的理解和看法与其他同学进行交流，这样集思广益，可以增加理解的准确性，同时补充自己的看法，对知识的掌握和运用就会更加深入。在合作过程中，可以利用案例来解决疑点、理解重点。通过合作学习，每个人都有参与学习的机会，并产生参与学习的兴趣。"议"的形式包括以下三种。

①互动式，即学生通过小组合作展开讨论，归纳总结后汇报意见。

②辩论式，即学生围绕一个议题进行自由辩论，各抒己见。

③换位式，即师生换位，学生提问，教师回答，学生评价。

学生的讨论必须有充足的时间，以保证重点知识或问题的讨论能够全面而深入。议重点时，教师还需要通过具体的案例来阐释和帮助理解，体现"理性—感性—理性"的学习规律。

（4）练一练能力

教学法课程是一门应用学科，是用教学理论去指导教学实践，用教学实践来丰富教学理论，不断提高学生的教学能力。高校师范生在校期间，到学校实习的机会相对有限，更多的是一种间接的实践和训练。训练的方法主要包括以下三种。

①试讲：让学生在课堂里就某个词、某句话、某个段落进行教学尝试，以丰富感性认识，培养教学能力。

②评议：让学生就教学录像或教学论文展开讨论和评议，使学生既运用了理论，又明确了此环节该怎么教，做到知其然，又知其所以然，从而发挥学生的主体性。

③作业：让学生写下对某一理论的认识或就具体课文来拟写教学过程，旨在使学生熟悉理论，并能加以运用。

3. 课外拓展

如果把学习仅限于课堂，则学生的收获是有限的。学生只有充分利用课外时间，把课堂向阅览室延伸，向校外延伸，才能获得全面的认识和深刻的印象。一般来讲，可以从以下两方面来拓宽学生的认知视野。

（1）阅读教育经典

那些经历岁月洗礼和时间考验的教育著作，可以改变一个人的思想和行动。可以推荐给学生阅读的书目有苏联教育学家苏霍姆林斯基的《给教师的建议》，陶行知的《中国教育改造》，柳斌主编的《中国著名特级教师教学思想录》，卢梭的《爱弥儿》等。

（2）积极撰写小论文

学生可以自己确定课题，然后搜集资料，整理思路，之后再着手进行写作。写论文的目的不在于发表，而在于形成对语文教学工作的思考习惯，培养探索精神。

（三）实施效果

通过在主体教学思想的引导下进行的教学尝试，教学效果初步实现了以下几个方面的转变。

从学生的被动学习转变为学生的主动学习。例如，学习完"教学目标"这节内容后，学生可用新课文来检验效果，从知识与能力、过程与方法、情感态度与价值观等角度去思考和制订教学目标，确定重点段落的教学，看看能否落实其中的一个或几个目标。这样，学生就不再以单纯的"听理论"为主，而是真正动起来，投入积极的思考、讨论和教学实践中。

从师生的单向交流转变为师生的多向交流，如教师在引导学生对"概括中心思想在课标中淡化了"这一话题进行讨论时，鼓励学生各抒己见，相互辩驳，师生共同交流。在交流中加深了学生对问题的理解，也活跃了课堂气氛。

从以教师的讲授为主转变为以教师的指导为主。每次学习新内容时，教师可以安排 15 ~ 20 分钟时间让学生先看教材，并对教材进行质疑，结合课程目标讨论重点内容，并学会运用。

（四）实施感悟

自主学习教学模式的实施要把握以下几个关键问题。

1. 教学过程要优化

教师要在确保学生主体地位的情况下，给予适当的点拨和引导。只有从

"如何学"的角度思考自己"如何教",进而设计教学程序,优化教学过程,才能达到教和学的统一。

2．课堂气氛要和谐

在教学过程中,教师不能以一种高高在上的姿态出现在学生面前,师生关系的民主与平等是学生主动思考、大胆质疑和积极讨论的前提条件。在教学中,应提倡微笑教学,以谈心式的方式解决问题,营造和谐的课堂气氛。

3．教学形式要多样

上课不能简单采用教师站着讲、学生坐着听的传统形式,而要适时变换教学形式,使学生对上课充满期待感,如可采用同桌一起学习和讨论的教学形式,在阅读室里边读论文边学理论的教学形式,以现代教学技术为辅助手段,边看录像边学理论的教学形式等。

4．教学案例要典型

要使学生理解教学理论,就要求教师利用教学案例来组织教学。选择教学案例时要注意典型性,准备要充分。教师除了应准备一些相关教学案例,也可以要求学生准备一些教学案例,这样可以促使学生多看教学论文,收集教学信息,使理论教学更具交互性。

第四章　语文课堂教学创新实践的相关概念与理论

第一节　语文课堂教学创新实践的相关概念

一、基本概念界定

（一）创新、创新能力、创新意识

"创新"这个词源于拉丁语"Creare"。《辞海》的解释为："创"即创始、首创之意，"新"是第一次出现、改造和更新之意。国际上对创新的研究起源于经济领域，1912 年美籍奥地利经济学家熊彼特在他的《经济发展理论》中提出了创新理论。我国学者姜丽华根据成果新颖程度的不同，将创新能力分成三个层次，分别是个体意义上的创新能力、群体意义上的创新能力和社会意义上的创新能力。个体意义上的创新能力是"对于活动者本人而言的，是活动者以往从没有想到的或做到的"。群体意义上的创新能力是对于创新者所在的群体而言的。社会意义上的创新能力则是对于整个社会而言具有社会价值。赵振华表示，就一般意义而言，创新是指"个体或人群根据一定的目的，运用已知的信息，产生出某种新颖、独特、有社会或个人价值的产品活动"。本书对创新的界定是基于个体意义上的创新定义，即主体受内在需

求或外在要求的驱使，对已知信息进行改进，产生出的某种产品对主体自身而言是新颖的且具有价值的活动。

创新意识是指遵循事物发展的客观规律，并对原有观点方法有所创新，有所改进的认识。

（二）教学创新

教学包含着方方面面，一名教师要想提高教育教学质量，就需要全方位地把握教学，而开展教学创新是促进高质量教学的重要手段。王振宏等人以增强教学实践活动的效果为目的，认为教学创新是教师在教学过程中，将学生更好地成长与发展视为教学目标，采用新的教学理念、教学内容、教学方法与手段等，以便提高教学效果的活动。林崇德认为，进行教学创新是为了发展学生的创新思维，把创新意识与能力有机地渗透到课堂教学中，以期增加教学活动的新颖性，还能够提高教学效率。傅道春将教学创新定义为，教师不局限于已有的教学模式，创造出更适合自身教学特点并能够便于学生更好地学习的教学模式。对前人的观点进行分析取舍后，本书将教学创新界定为教师新颖而有效地改进教学的过程，具体表现为运用新的教学理念、方法和模式，更新教学内容、资源和评价方式等。

（三）课堂教学创新意识

课堂教学是为了使学生获得知识和发展智力的一种普遍手段，它是教师传授给学生知识与技能的过程。对课堂教学过程进行创新，不仅可以促进教师的专业发展、提高教育教学质量，同时能更好地促进学生的全面发展。有学者认为，课堂教学创新有如下三点内涵：第一，观照课堂教学中人的存在；第二，凸显对课堂教学的创造与变革；第三，营造有效的课堂教学环境。本书旨在研究课堂中的教学创新，即教师在课堂教学过程中，新颖且有效地改进教学的过程，具体表现为运用新的教学理念等。

通过对课堂教学创新与创新意识概念的理解，本书将课堂教学创新意识界定为：教师受内在需求或外在要求的驱使，在课堂教学中表现出对创新的认识及创新行为倾向的心理活动。

二、阅读、写作与创新的关系

心理学和行为学研究认为，阅读和写作都是以语言符号为媒介的一种认知和表达活动。这种认知和表达不能简单归结为由刺激引起反应的被动式反应，它是学习者在已有认知或经验的基础上，对认知对象的主动同化或顺应，并经过加工、创造而做出的具有鲜明个性的特定化活动。国际阅读研究协会维也纳研究机构主任理查德·巴姆伯尔杰研究认为，阅读首先是一种感觉活动，人们通过视觉器官认识语言符号，这些语言符号反映到大脑中转化为概念，许多概念又组成较大的单位，成为完整的思想，然后发展成为更复杂的活动、联想、评价、想象等。而写作是作者在已有认知或经验的基础上结合联想、评价及想象而形成独特作品的过程。

由此可见，阅读是一种对书面语言进行感知、理解，获得意义，而写作是对已有的感知和理解进行整理和创造，表达情感。它们均是结合情感和内部语言实践活动的复杂过程，具有显著的符号性和观感性、思维性和情感性、多样性和创新性等特点。阅读和写作教学的本质是"文本—教师—学生"三者思维碰撞、交流的过程。因此，阅读和写作教学与思维有着密切的关系，听说读写能力的内在机制本身便是一种思维活动，而感悟、理解、评价等往往会涉及自觉思维、逻辑思维、发散思维等，而这些思维本身就是阅读和写作过程中创新思维的基本方式。因此，阅读和写作过程中富含创新性思维的因素，而创新性思维又是阅读和写作能力提高的助推力。

第二节　语文课堂教学创新实践的相关理论

一、建构主义学习理论

建构主义学习理论认为，学习是学习者主动建构内部信息表征的过程。这个过程不是被动地接受，而是主动地生成。一方面，学习者对新信息的理解是在原有的知识、经验的基础上进行的；另一方面，学习者从自己的记忆系统提取原有知识，也是不断选择、不断整合的，而不是简单的提取过程。这一过程既是对新信息意义的建构，也是对原有经验的取舍。本书从四个方面定义建构主义学习观：学习的一条重要途径是通过依靠已有的知识；在调整和改变旧观点时，新的观点产生；学习包括创造新观点，而不是机械地积累事实；有意的学习是通过对旧观点的重新思索，形成与旧观点相矛盾的新观点。建构主义学习理论与传统教学理论最本质的区别在于，传统教学理论以教师的"教"为中心，而建构主义学习理论以学习者的"学"为中心，主张学习者在与环境的交互中学习——这是建构主义学习理论富有生命力的内核。建构主义学习理论认为"情境""协作""会话""意义建构"是学习环境中的四大要素。

当下，网络成为实现建构主义学习理论理想的有力工具。网络环境下的语文阅读教学正是本着建构主义的理念，并借助网络技术使语文阅读突破传统方法在时间、空间上的限制，突破学习内容与生活实际的界限，使学生在更丰富的背景、更多的信息资料与更多的互动对话中主动建构知识。比如，学生通过浏览网上资源进行自主学习，获得有关资料信息等，再对获取的资源进行归纳、分析、调阅。在学生自主学习的基础上，通过网络提供的互动交流、在线调阅等功能，学生进行协作学习和会话，在网上进行讨论、质疑和释疑。讨论的问题是能引起争论的初始问题，或能将讨论一步步引向深入的后续问题，也可以是讨论过程中发现的新问题。在协作学习过程中，学生相互讨论、交流，使教学资源得到充分利用，既促进了对学习内容的理解和深化，又可激发创造性思维，不时地迸发出创造的火花，从而达到创新语文阅读教学的目的。

二、情境认知理论

情境认知理论是 20 世纪 80 年代中后期形成的重要的学习理论。情境认知理论认为，学习的实质是个体参与实践，并在实践中与他人、环境等相互作用的过程，个体在这个过程中形成实践活动的能力。该理论认为学习具有如下一些特征。

（一）情境性

思维学习与其所发生的情境是不可分割的，现实生活情境对学习有着重要意义，并强调真实的情境经验而不是去情境化的学习，注重对学习过程的培养。

（二）实践性

情境认知理论强调学习者不能仅仅学习课本或他人的经验和总结，必须积极进行与所学知识内容相关的实践。学习者不应只关心学习成绩，而忽视对发现问题、分析问题和解决问题能力的培养。

（三）主动性

情境认知理论强调为学习者提供多元的学习资源，触发学习者主动学习的动机。以情境认知理论为指导的教学模式主要有三种：抛锚式教学模式、随机进入教学模式和认知学徒教学模式。其中，抛锚式教学模式是本课题研究的重要理论基础之一。抛锚式学习特别强调技术在教学中的运用。一方面，依靠技术创设逼真的学习情境；另一方面，学生可以依靠计算机等技术支持，从多种视角拓展实践学习的领域。在抛锚式教学中，教师不再是知识的先知，教师的主要作用不再是回答学生提出的所有问题，而是变身为学生的"学习伙伴"，创设相关情境，帮助学生顺利穿越"最近发展区"，培养学生解决问题的能力。

三、教师专业发展阶段理论

教师的专业发展是一个不断提高自身教育教学能力、充实更新知识的过程。它是教师的职业理想、职业道德、职业情感，以及社会责任感不断成熟、不断提升、不断创新的过程，需要教师真正做到终身学习。

1969 年，美国学者富勒编制了《教师关注问卷》，这成为教师发展理论研究的开始，揭开了教师发展阶段理论研究的序幕。他认为教师需要经历四个阶段，分别是任教前的关注阶段、早期的生存关注阶段、教学情境关注阶段和关注学生的阶段。此后，国外对于教师专业发展主要形成了三种基本理论，分别是：卡茨教师专业发展四阶段理论，即求生存时期、巩固时期、更新时期和成熟阶段；伯顿的教师教学生涯发展的三阶段理论，即求生存阶段、调整阶段和成熟阶段；费斯勒的教师生涯循环理论，即职前阶段、入门阶段、能力形成阶段、热心和成长阶段、生涯挫折阶段、稳定和停滞阶段以及生涯退出阶段。

国内教师发展阶段理论主要受到教师专业社会化理论的影响，教师专业社会化即教师由普通人逐渐成长为教育者并最终融入教师共同体而成为其中一员的动态化过程。学者吴康宁认为，教师专业化的过程就是专业社会化的过程，包括任教前的预期专业社会化与任教后的继续专业社会化。此外，还有教师一体化发展阶段论、教师发展时期论、教师职业生命周期论、教师自我更新取向发展阶段论等。

四、创新动机理论

任务动机是创新的主要构成要素，这是从创造社会心理学的角度提出来的。任务动机包括决定个体完成某一给定任务以及达成某一行动目标的动机变量。它是一个人在具备了做某事的能力素质后选择"怎么做"的重要决定因素。该理论认为工作动机包括两个因素：第一，个人对任务的基本态度，它产生于个体对这一任务进行认知评价的时候，其强度与个体的偏好和兴趣相关联；第二，对在某种情况下从事这一任务的动机的感知，这种感知很大程度上是依赖于外部环境的，尤其是在这种外部制约因素特别突出的情况下。

任务动机的发展依赖于指向任务的现实动机的初始水平，同时依赖于是否存在明显的外部制约，以及个体使外部制约最小化的认知能力。不仅如此，屈从会使个体产生抵触情绪，进而诱发出与创新过程相违背的动机，但是随着这种外部制约的消失，创新思维也逐渐得以激发。因为，创新不是在个体安逸舒适的状态下涌现的，毫无压力会使个体产生懈怠感，不利于激发创新思维。也就是说，消除外部压力对于激发创新性是有益的，但过于安逸而导致自身懈怠则是有害的。

第五章　语文教学中的思维类型与训练方法实践

本章分别论述了形象思维、抽象思维、辩证思维、灵感思维、直觉思维、创造性思维等七大思维类型，以及这些思维类型与语文教学极为密切、不可分割的关系，既有对理论研究成果的借鉴与发挥和对教学经验的总结与发展，也有对思维训练科学途径的探讨。

第一节　语文教学中的思维类型

一、形象思维与语文教学

（一）形象思维的概念和特点

1. 形象思维的概念

形象思维是人的大脑自觉反映客观的具体形状或姿态，运用观念形象（意象）加工感性形象，从而能动地指导实践，创造物化形态的思维活动。它可通过创造真实感人的艺术形象来反映生活，揭示生活的相关本质与规律。

形象有主客观之分。客观形象就是能引起人的思想或感情活动的具体形状或姿态，也就是客观事物在立体空间中的存在状态，以及这种状态随时间而发生的变化。主观形象是客观形象在人的感官与头脑中的能动反映。

主观形象有初高级之分：初级阶段，即感性形象认识阶段，主观形象分为感觉形象、知觉形象、印象和表象；高级阶段，即理性形象认识阶段，主观形象表现为意象，它是观念的或理性的形象。

客观形象是纯客观的，但主观形象不是纯主观的，它的形式是主观的，内容是客观的，可见主观形象是主客观统一的形象。

还有另一种主观形象（意象）的物化形式，如艺术形象，有人称之为物化形象。艺术形象的主客观统一，是"主观见之于客观"的形象，即通过形象思维指导的实践活动而创造出客观形象。所谓主观形象，则是"客观见之于主观"的形象。形象思维是一种以客观形象为思维对象、以感性形象为思维材料、以意象为主要思维工具、以指导创造物化形象的实践为主要目的的思维活动。

2. 形象思维的特点

形象思维最突出的特点是鲜明的形象性，有时还带有浓郁的感情色彩，并通过一定的个性来反映共性。

（1）形象性

首先，形象思维是以客观事物的形象作为思维的对象。自然界美不胜收的景物，千姿百态的景色，各种人物的容貌神态，各种人造物的形态，各种文学艺术的形象等，这一切构成了人们认识大千世界的内容。

其次，形象思维主要使用意象、具体概念、形象的语言、各种图形等形象性的思维工具。形象语言从性质上分为三类：视觉语言、听觉语言、视听综合语言。这三种语言又可分为名词、动词、形容词。名词反映特定事物形象，如人、湖泊；动词反映特定事物运动形态，如哭、笑；形容词反映事物的性质、状态，如绿、尖等。人们运用形象思维的工具，就可对事物的客观形象进行分析、比较、综合、概括，引起联想与想象，创造新的物化形象。

最后，形象思维除使用形象性语言外，还可使用形象性的非语言手段，如图形、模型、动作、表情及各种姿势等，来传达思想、情感，表达意象。

（2）通过个性反映共性

形象思维通过个性反映共性，揭示个别事物的本质特征、必然的运动发展趋势来认识某类事物的共同本质和普遍规律。

美国著名学者斯佩里（诺贝尔奖获得者）通过研究发现，人脑左半球主要管理人体右侧运动，具有逻辑思维、求同思维以及言语、计算等能力，名为"理性半球""逻辑半球""知识的脑"。左半球比右半球有强得多的控制能力。右半球主管人体左侧运动，具有直觉思维、求异思维，偏重对音乐、舞蹈、节奏、绘画等空间形象的感受和识别能力，与人的想象能力相对应，名为"情感半球"或"创造的脑"。形象思维的生理机制来自大脑右半球，实验证明，科学家在紧张进行研究工作时，大脑左半球是明亮的，表示其抽象思维异常活跃。而右半球也稍有亮点，但大半区域是暗淡的。相反，艺术家在艺术创作的高潮时，右半球是明亮的，左半球也有些亮点，但大片区域是暗淡的，表明形象思维在正常运动。同时也说明，在思维活动中，以某种思维为主，需要多种思维的相互配合、协调统一。

（二）形象思维的过程

形象思维作为一种认识活动，体现着感性和理性的统一，认识活动和指导实践的统一。形象思维作为一个完整的认识过程，它要经历"两次飞跃"，即经历从感性形象认识向理性形象认识的飞跃，再经历从理性形象认识向实践的飞跃，形象思维才能通过实践反馈而反复循环，不断由低级向高级发展。我们可以把它分为初级、过渡、高级三个阶段来理解。

1. 初级阶段——感受、摄像、储存

（1）形象感受。形象思维须以形象感觉为基础才能进行。对事物较完整的感性认识产生于知觉。形象视觉和另一种感觉结合，一般会构成知觉形象，其他感觉对视觉形象起补充或修正作用。

形象感受是形象思维的第一个环节，是思维的基础，是艺术想象的依据。形象感受有主动与被动、局部与整体、有序与无序、初次与反复之分。列夫·托尔斯泰在创造安娜·卡列尼娜的形象时，曾经从普希金的女儿那儿得到形象感受，获得美感启发，把她作为原型，作为艺术想象的依据，不论在性格还是外表的塑造上，都贯注着她的神思。这是一种主动的、整体的、有序的、反复的感受。如果我们硬被拖去游览某风景区，之前从未到过那地方，心中老想着其他的事，那么对风景区的感受则是被动的、局部的、无序的、肤浅的。而形象感受则必须有主体的积极参与，多方面感知，反复思考，才能获得真切的感受。

（2）形象摄像。摄像是形象思维过程的起点形态。它是思维过程的第一个关口，它是由感性认识进入形象思维过程既相互联系又根本区别的边界关口。

摄像是在表象的基础上摄取有特征影像的认识形态。它保留了表象的直观可感性，但它所摄取的是经过选择的富有特征的影像，摄像有动静之分，局部整体之别。

动态摄像，是指摄取对象在活动中有特征性的影像。它通常是对象活动各发展阶段有特征的表象的综合。如《药》的第一部分，写华老栓买"药"，从准备出门，走向刑场，在刑场向康大叔买人血馒头，以及看客们"鉴赏"杀人"盛举"的场面。通过这些动态摄像，来反映华老栓与看客的愚昧、麻木，揭露统治阶级镇压、毒害人民的罪行，勾勒出夏瑜惨遭杀害的社会环境。以上摄像动中有静。

局部摄像。它是指摄取对象局部具有的特征性的影像。如郁达夫在《故都的秋》中对北国秋天的槐树进行这样的摄像："北国的槐树，也是一种能使人联想起秋来的点缀。像花而又不是花的那一种落蕊，早晨起来，会铺得满地。脚踏上去，声音也没有，气味也没有，只能感出一点点极微细极柔软的触觉。"作者对北国之秋所突出摄取的对象是槐树，从局部使人感到秋意悄悄来了。

整体摄像。它是指摄取对象整体有特征性的影像，如《祝福》的开头对祥林嫂的死和死前的悲惨形象就进行了整体摄像，借以突出悲剧色彩，造成强烈悬念，使小说一开始就具有扣人心弦的艺术力量。

（3）形象储存。感觉形象和知觉形象在头脑记忆中的储存称为印象。表象是对记忆下的印象的回忆。表象与感觉、知觉印象相比，具有一定的间接性、概括性，它的反复进行就使表象可能变成反映事物特征的摄像。如从一片红色的枫叶，概括出秋天的枫叶都具有红色的特征，这就为感性形象认识向理性形象认识的转变提供了可能性。

形象储存是形象思维的第二个环节。既有形象的感受，又有形象的储存记忆，印象清晰，而且有可能把握住生动的细节，成功地进行艺术创作。魏巍在朝鲜战场，通过切身感受，在脑海中储存了大量的中国人民志愿军战士的崇高形象、动人事迹，因此进入创作过程后，才能对保存在记忆中的印象，回忆产生的表象，富有特征的摄像，按主题需要进行精选。

2. 过渡阶段——判断、加工、意象

形象思维的过渡阶段要进行形象判断，这是继感知、储存之后，形象思维的第三个环节。它可分为两类：一是简单直觉形象判断，指对客观事物表面形态的识别辨认。动物只有简单直觉形象判断，如军鸽能从千里之外飞回营地。二是复杂直觉形象判断，指对客观事物表面形态的识别与内在实质理解的辩证统一。

诗人与画家用不同的形式，创造了美的形象。这形象反映了作者对自然美的感受、观照。当我们沉醉于美景，也许并未想到什么，而感受到的是它的形式。诗人查慎行漫步溪边，见繁星、远山、园林、树荫、萤火、山泉，听蛙鸣、听水声，心感自然的优美，赏心悦目于美感中，似乎并未沉思。我们观自然美景，看文艺佳作，也离不开直观感性形象给人的印象，美学家就把人们在观赏美、创造美时的感性心理特征，叫作美感直觉，也叫审美直觉。

过渡阶段，要由感性形象向理性形象过渡。这个阶段主要通过对感知印象的"由此及彼、由表及里、去粗取精、去伪存真"的过程而形成意象。意象属于观念形象，表象、摄像是连接感性和意象环节，在表象、摄像基础上进行的形象思维。意象，是对摄取并储存在头脑中的影像信息进行改造，是对过去记忆中已形成的那些暂时联系进行新的组合，是对已有影像的新的加工与判断。通过加工与判断，人们便有"意"把某类事物的特征概括熔铸于创造出来的新形象之中。

语文教学中的意象，主要有以下几类。

（1）动态意象。指捕捉、概括对象某些动态特征，能够反映某类特定本质的意象，如《祝福》中的祥林嫂："……脸上瘦削不堪，黄中带黑，而且消尽了先前悲哀的神色，仿佛是木刻似的；只有那眼珠间或一轮，还可以表示她是一个活物。"鲁迅抓住"眼珠间或一轮"的特征所塑造的动态意象，仅一个细节就反映了祥林嫂惨遭迫害的悲剧命运。

（2）静态意象。指捕捉、概括对象某些静态特征，能够反映某类特定本质的意象。如《琵琶行》中"别有幽愁暗恨生，此时无声胜有声"，"东船西舫悄无言，唯见江心秋月白"，就是在静中传出无限情意的动人意象，使人感到余音袅袅，意味无穷。

（3）局部意象。指捕捉、概括对象局部特征，反映某类事物特定本质的意象。如《祝福》中对鲁四老爷房中陈设的描写，达到表现一定"气氛"和人物性格的目的。当鲁四老爷陈列福礼、恭请福神的时候，祥林嫂却怀着疑惑和极度的痛苦死在雪地里，通过这一意象，就揭示了封建礼教吃人的本质。

（4）整体意象。指捕捉、概括事物的整体特征，反映某类事物特定本质的意象。鲁迅说："人物的模特儿也一样，没有专用一个人，往往嘴在浙江，脸在北京，衣服在山西，是一个拼凑起来的角色。有人说，我的那一篇是骂谁，某一篇又是骂谁，那是完全胡说的。"①当鲁迅和小说家们对他们的"模特儿"进行"拼凑"的时候，必然要多侧面、多角度地对其意象进行综合与概括，这样才能形成完整的整体意象。

（5）无形意象。指捕捉、概括看不见的对象特征，反映某类事物本质的意象。如《阿Q正传》中阿Q在土谷祠里幻想革命，想到杀人、搬物、选女人，纯属心理活动。鲁迅将其无形的幻觉"复现"为具体的意象，就能揭示阿Q式革命的本质。

（6）变形意象。指改变事物的形体，以概括事物的特征，反映某类事物特定本质的意象。如古埃及的人面狮身像，安徒生童话的美人鱼形象，《西游记》中有关孙悟空、猪八戒、白骨精等的意象，都是变形意象，它具有巨大的生命力，同样能从特定的角度揭示事物的本质。广泛而言，文艺中的一切典型，与现实生活中的真实形象相较，都是变了形的。

3. 高级阶段——联想、想象、造象

形象思维从摄取影像，到意造新象，再到典型造象，就形成了形象思维过程由低级，经过渡，到高级阶段的三个层次。典型形象的造象，就是对意象的"部件"进行"总装"，就是要在意象对生活进行一般概括的基础上，对生活进行典型的概括。

典型概括的过程，是由个别到一般的思维过程，但这个过程主要不是抽象的判断与推理，而是典型形象的"再现"与"显示"，为此就离不开联想与想象。联想是从一事物想到另一事物的思维活动。意象是形象思维的细胞，

---

① 鲁迅：《我怎么做起小说来》，《鲁迅全集》第四卷，人民文学出版社1981年版，第513页。

本质上讲，形象思维的联想是从一个意象到另一个意象的思维活动。联想以记忆为前提，没有对意象的记忆就没有联想，如我们保留在记忆中的"松树的风格"这一意象，可以联想到松树乃至杨柳的品行。联想通过揭示意象之间的关系，来反映意象的内容。如我们把穷人与杨白劳联系起来，可体现共性与个性的关系；把喜儿和黄世仁联系起来，可体现矛盾对立的关系；把杨白劳与喜儿联系起来，可体现父女之间相依为命的关系。意象的内容，就可在意象与意象的联系中揭示出来。

联想在反映意象之间关系的过程中，体现出对意象有所断定与评价的功能。联想要将各种意象联结来揭示意象内容。如杜甫的诗句"朱门酒肉臭，路有冻死骨"，反映了贫富差别，揭示了统治者剥削劳动人民的残酷社会现实。我国古典文学中常用的比兴手法，就是诗歌中以形象对比为主要形式的联想活动。联想的基础是客观事物形象的相似性与接近性。但这相似与接近都不是绝对的。

然而，形象思维的联想又有一定的确定性，它表现在"像与不像"之间有一定的伸缩范围。车队长，才像一条河，一辆车子不可能像一条河。《水浒传》里的张顺擅长游泳，才似"浪里白条"，若是"旱鸭子"，就不会如此取名。这"像与不像""接近与不接近"，就包含形象思维联想的确定性。所以，只有从确定性与不确定性相统一的观点出发，才能正确判断某一具体的形象思维联想是否符合客观实际。

想象，是人脑在联想的基础上加工原有的意象而创造出新意象的思维活动。联想只是由一种已知意象唤起另一种已知意象，从而揭示意象的内容与本质关系，并不创造新意象，而创造性则是想象的突出特点。例如《小二黑结婚》中的三仙姑及女儿小芹，就是赵树理用熟悉的生活实例在他头脑中形成的意象，创造出的新形象。

想象也要使用形象分析、比较、综合、概括等方式来加工理性意象，而绝非只是加工感知形象和表象。想象要在联想的基础上加工原有意象，创造新的意象。在联想和想象的基础上塑造典型形象，运用形象思维提炼、加工，使其具有典型性、立体性和真实性，这样产生的新形象才具有艺术的生命力。

（三）形象思维训练

形象思维训练从心理素质的角度考虑，在语文教学中，主要应对各种类型的联想、想象、表象、意象、情感等与心理成分相关的环节进行训练。下面介绍常用的集中训练策略。

1. 从仿写到创新的训练

仿写属模拟思维活动，模拟思维是对某种现成的事物或现象进行仿效的一种思维形式。

学生进行仿写练习，有助于创造性思维的发展。在语文教学中，仿写既可提高学生的写作能力，也能加深学生对课文的理解，使其在课文中获得的多方面知识，得到进一步的巩固、提高。这种以写促读、以读助写、相得益彰的写作训练方法，对提高教学质量很有帮助。

（1）仿拟构思的训练。韩愈主张学古文要"师其意，不师其辞"。"师其意"就是指要学习范文的立意构思、选材剪裁、谋篇布局等方面的优点。如茅盾的《风景谈》，通过六幅画面——自然风光的描写，进一步赞颂主宰风景的人——解放区军民，抒发深情。可结合课文，仿拟构思，以"风景新谈"为题作文。

（2）仿写技巧训练。写文章既要有好的主题与材料，又要掌握熟练的写作技巧，才能更好地表达自己的思想，使文章的形式和内容水乳交融。作者运用语言，通过一定的表现手法，处理材料与中心的关系，除了记叙、描写、抒情、议论等表达方式外，还有各种修辞手法的仿效与运用，各种写作特色与风格的借鉴、学习。

（3）仿写语言训练。如果说主题是文章的"灵魂"，材料是"血肉"，结构是"骨骼"，那么，文章的语言就好比构成人的生命基础的"细胞"。所谓"言之无文，行而不远"，从形象思维的角度考虑，主要应模仿练习那些生动形象、通俗朴实、含蓄简练的语言。

2．联想思维训练

联想是由一个事物想到另一个事物的心理现象。具体说，客观事物以一定的关系彼此联系作用于人脑时，会在大脑形成各种暂时联系；在作用终止后，这种暂时的联系以痕迹的方式留在头脑中。在一定条件下，这种联系可以活跃、恢复起来。

联想是想象的初级形态，它跟想象一样，在语文教学中具有重要的意义。比如，分析作文须具有联想力，才能思考清楚现象与本质、内容与形式的关系；较强的联想力是作文精巧构思的基础，是用好语言的条件。修辞中的比喻、拟人等，实际上是各类联想的不同表现，排比句、递进句，乃是横式联想、纵式联想的不同表现。各类体裁的文学类课文，从写作到教学都必须借助联想才能完成。

联想训练可以从对比、接近、相似、追忆、因果、推测和连锁方面进行。

（1）对比联想训练。对比联想是由对某一事物的感知引起相反特点的事物的联想。如古代民歌"月儿弯弯照九州，几家欢乐几家愁。几家高楼饮美酒，几家流落在街头"就运用了对比联想。中学课文中的对比联想很多，如《从百草园到三味书屋》，就是用充满无限乐趣、令人无限向往的百草园，来反衬对比枯燥乏味的三味书屋。再如《苏州园林》，作者采用对比联想的写法来突出事物特征，效果极佳。介绍布局，将苏州园内亭台轩榭的布局跟宫殿住宅相比，突出了苏州园林讲究自然之美、自然之趣的特点。对比联想的训练方法很多，如设计"××的变迁""××的联想"之类的习题，让学生用对比联想的方法写作。

（2）接近联想训练。接近联想是指相邻的事物因时间或空间的接近而引起的联想。如《谁是最可爱的人》中有这样一段文字："亲爱的朋友们，当你坐上早晨第一列电车走向工厂的时候，当你扛上犁耙走向田野的时候，当你喝完一杯豆浆，提着书包走向学校的时候，当你安安静静坐到办公桌前计划这一天工作的时候……朋友，你是否意识到你是在幸福之中呢？"这一组排比句描写的事情都发生在清晨，因时间相同而发生联想。

（3）相似联想训练。相似联想是由对一件事的感受引起的同该事物性质形态相似事物的联想。

（4）追忆联想的训练。追忆联想指由现实生活中的某一事物，引起人们对经历过的生活、见闻、知识等的回忆。徐迟写作《在湍流的涡漩中》，对周培源从20世纪30年代到70年代的经历，先是按时间顺序写，像记"流水账"一样。后来，他丢弃长达 23000 字的原稿，抓了"一刹那"，把事件集中在一个晚上，再通过回忆加以展开，通过这种追忆联想的方法，使作品顺理成章，紧凑凝练，以 7000 多字的篇幅表现出人物坚定的斗争精神与丰富的内心世界。《祝福》先写祥林嫂在爆竹声中死去，再回忆她的一生，也是用追忆联想的方法。中学生写童年生活，就可用追忆联想。

（5）因果联想的训练。因果联想是由原因想到结果，或由结果想到原因的思维方法。《荔枝蜜》就用了因果联想的写法："孩童时候有一回上树掐海棠花，叫蜜蜂蜇了一下，痛得差点儿跌下来。""从此以后，每逢看见蜜蜂，感情上疙疙瘩瘩的，总不怎么舒服。"后来是因为喝了"忙得忘记早晚"的蜜蜂酿造的荔枝蜜，才"觉得生活都是甜的呢"，是因为了解蜜蜂用短短的一生"为人类酿造最甜的生活"，就像辛勤的农民"为后世子孙酿造生活的蜜"一样，所以"我"才由讨厌蜜蜂到"梦见自己变成一只小蜜蜂"。《荔枝蜜》的因果联想用得多么巧妙啊！在作文中写让自己感到喜、怒、哀、乐的人与事，可用因果联想的方法。

（6）推测联想训练。推测联想是根据已经知道的事情来推测不知道的事情的一种联想方式。

（7）连锁联想训练。连锁联想是指运用联想的方法把几种事物一环扣一环地串联在一起，也可以从同一事物的不同方向进行两种以上的联想。如《荔枝蜜》由荔枝树想到荔枝蜜，由荔枝蜜想到蜜蜂的劳动，由蜜蜂的劳动想到农民的劳动。这是一环扣一环的联想。

3．想象思维训练

主要从再造想象与创造想象两个方面进行训练。

（1）再造想象训练。再造想象，就是根据别人对某一事物的描述，在自己头脑中形成新形象的过程。在阅读过程中，再造想象占据突出的地位。读者正是根据作者所提供的语言信息，唤起头脑中的有关表象，并根据作者的提示进行新的组合，从而再造新的形象。再造想象的训练，可将短小、生动、形象的古今诗歌，让学生改写为故事、散文，要求能再造出新的形象来。

（2）创造想象训练。创造想象就是不以现成的描述为依据，在头脑中独立地创造出全新的形象的心理过程。比如"暴躁"是一种情绪，看不见，摸不着，茅盾在《追求》中却直观地、具体地、形象地用语言把它描述了出来："她暴躁地脱下单旗袍，坐在窗口吹着，却还是浑身热辣辣的。她在房里团团地走了一圈子，眼光闪闪地看着房里的什物，觉得都是异样地可厌，异样地对她露出嘲笑的神气。像一只正待攫噬的怪兽，她皱了眉头站着，心里充满了破坏的念头。忽然她疾电似的抓住一个茶杯，下死劲摔在楼板上；茶杯碎成三块，她进而踹成了细片，又用皮鞋的后跟拼命地研压着……"在这里，人物的暴躁情绪具体生动地展现了出来。

培养想象创造力，可多做类似具体化的思维训练，如写一个"勇敢"的人，或者写一个"骄傲"的人，或者写一个"谦虚"的人，或只把其中的一个概念形象化，发挥想象，使其生动感人。

4．情感思维训练

一般的情感是人们对与之发生关系的客观事物（包括自身状况）的态度

的体验。审美情感以正常情感为基础，不仅是个人需求的主观满足，而且是审美需要与理想的满足。其中包含着主体对审美对象理性的、社会的评价，故属于高级情感。或者说，审美情感是为了满足自己审美活动的需要而产生的态度体验。情感作为人对客观事物的态度体验，是兴趣的诱因。它使人的注意、感知、思维倾向于某一阅读和写作对象，促进智能的更好发挥，学生对阅读写作有了稳定而深厚的情感，就会怀着浓情蜜意去从事阅读和写作。情感思维训练可从以下两个方面进行。

（1）情境思维训练。"情以物迁，辞以情发"，情境思维训练，以课文语言为据，引导学生进入情境，产生情感。学习《海燕》，把学生带入暴风雨将起、暴风雨逼近、暴风雨降临三个情景交融的境界，学生的情感必然受到感染。如在暴风雨将发的场面中，作者呼唤"让暴风雨来得更猛烈些吧！"进入情境的学生，也会像海燕一样，感受一种战斗的激昂欢乐的豪情。

（2）共鸣思维训练。课文的感染力是学生产生共鸣的客观条件。当学生的情感被课文的情感"俘虏""征服"，就会引起强烈的情感反应。《琵琶行》中，琵琶女凄凉话身世，血泪抚孤琴，惹得江州司马青衫湿，情动于中的学生受到感染，引起共鸣，也会流下同情之泪。

学生带着情感思考社会生活，有利于把握社会生活的本质。

5. 形象思维训练

提高课堂形象思维的教学艺术水平，需要注意以下环节。

（1）形象美的导入与练习。课堂导入的方法可以千变万化，而注意形象美的导入，效果必佳。据介绍，在纪念周总理逝世一周年时，于漪老师教《周总理，你在哪里》，用了一则新闻开头："同学们，你们知道吗？就在最近，我国男高音歌唱家李光羲在法国唱了一支歌，轰动了整个巴黎，博得了崇高的声誉。为什么呢？因为他唱的歌，不仅唱出了我国人民的心声，而且唱出了世界人民的心声。""今天，我们要上的课，就是这首歌的歌词。"

在生动形象的启发下，学生仿佛真切地感受到了歌曲深沉、高亢的旋律：仿佛山谷在回响，大海在呼啸，千山万水都在深情怀念周总理。学生们在练习朗读时，也就禁不住声泪俱下了。这样导入，就把教师从教学主体转化成了审美对象，因而能形象地激起学生美的思绪与情感。

（2）形象美的导读。不同的课文，应采用不同的形象思维导读方法。如，学过《荷塘月色》后，已领略了其中的"优美"情境，这是一般审美的满足。学《荷花淀》时，就可以以旧导新，从而深入学习。白洋淀的美景把读者带入了一个诗情画意的境界，这个形象的境界与《荷塘月色》一样"优美"，但与朱自清笔下的荷叶、荷花在质地上又有区别，可要求学生展开形象思维，思考比较。

《荷塘月色》的描写是：

荷叶——"出水很高，像亭亭的舞女的裙。"

荷花——"有袅娜地开着的，有羞涩地打着朵儿的，正如一粒粒的明珠，又如碧天里的星星。"

《荷花淀》中的"相似"描写是：

荷叶——"迎着阳光舒展开，就像铜墙铁壁一样。"

荷花——"高高地挺出来，是监视白洋淀的哨兵吧。"

两相比较，《荷塘月色》对荷叶、荷花的描写具有阴柔之美，《荷花淀》中的描写，则使人感到一种阳刚之美。这样就能发展学生的形象思维。

（3）形象美的导思。课堂教学训练学生的形象思维能力，需在导思上多下功夫。导思的方法很多，可通过优美辞章、典型人物、生动意境等方面展开比较思维，使学生更好地受到作品情操美、形象美的陶冶。以朱自清的三篇散文为例，学生先学了《春》，已形象地感受到它的明朗、热烈，理解了作者怎样用细腻、形象、动人的彩笔，描绘了充满诗情画意的春天。教学中以读促写，是提高学生读写能力的好策略，也有利于发展学生的形象思维。学过散文后，可引导学生到生活中去采撷"花朵"。学生一旦张开形象思维的翅膀，就会发现"物之生而美者，盈天地皆是也"。学生具有感受形象美的能力，一抔黄土，一株杨柳，一朵月季，一片朝霞等，可以成为咏赞的对象。绚丽夕阳，涓涓山泉，展翅春燕，可以勾起缕缕情思。只要学会形象思维，就可以去思索自然美的奥妙，形象地感受美，春日踏青，夏日郊游，陶醉于青山绿水之间，感到"万水千山总是情"。学会了表现美，就会借鉴课文写法，去歌颂白塔晨钟、黄山烟云、太湖碧波、峨眉日出、西湖夕照，去歌颂千千万万的普通劳动者像青松、像梅竹一样的品格，去赞美园丁们像红烛一样的奉献精神。这就是形象思维结出的累累硕果。有了这样的基础，我们的青少年就可以自觉地向形象思维的创造高峰攀登。

二、抽象思维与语文教学

抽象思维与直观动作思维和形象思维相对应。根据思维活动的特点和人对对象的掌握程度，区分为抽象理性思维和具体埋性思维。逻辑学界把思维分为形式逻辑思维和辩证思维，哲学界把思维分为形而上学思维和辩证思维。实际上，形式逻辑思维指的就是抽象理性思维。

（一）抽象思维的含义

人们在认识过程中，借助于概念、判断、推理等思维形式，进行理性思维或概念思维，合乎逻辑地反映现实的过程，都属于抽象思维的范畴。

抽象思维来自客观现实变化的规律性。在实践中，人脑要对感性材料加工制作，逐渐产生认识过程的突变，一旦形成概念，抓住了事物的本质、全体、内部联系，就认识了事物的规律性。在此基础上，人们可以进一步运用概念构成判断，又运用判断进行推理，这个运用概念构成判断、进行推理的阶段，就是思维的理性阶段。概念、判断、推理，就是抽象思维的形式。概念、判断、推理是如何形成的？这就有一个具体、全面、深入认识事物的本质和内在规律的方法问题。方法不少，如具体与抽象的统一、特殊与一般的统一、归纳与演绎的统一等等。此外，抽象思维还要遵循同一律、不矛盾律、排中律、充足理由律等基本规律。

（二）抽象思维训练

1. 概念思维训练

我们经常碰见的概念是事物的特有的本质属性在人们头脑中的反映。对学生的概念思维训练，应注意以下几点。

（1）初步了解概念特性

第一，概念的客观性与主观性。概念的客观性表现在它是客观事物抽象、概括的反映。它的主观性表现在形式上，即概念是人脑在感性材料的基础上，经过复杂的改造制作，抛弃了感性事物的丰富想象，舍弃了非本质的、偶然的东西，把事物中的本质的、必然的、普遍的、共同的东西抽取出来，用词语给它下一个定义，这才形成了反映事物本质的概念。

第二，概念具有确定性。客观事物虽在总体上处于绝对运动中，但每一具体事物及其过程都有相对稳定性，每一事物都有自身质的规定性和确定性，一事物与他事物的区分也是确定的。这就从根本上决定着概念具有确定性。例如，由两个氢原子和一个氧原子化合而成无色、无味、无臭的液体，在标准大气压下冰点为零摄氏度、沸点为一百摄氏度……这些就是水的特有属性，人们就可以根据这些特性把水和其他事物相区别。

第三，概念的抽象性。抽象思维的概念是内涵和外延的对立统一，概念既是抽象的，又是具体的。在研究概念时，把概念的外延当作概念所反映对象的范围大小和数目多少，把内涵当作概念在这个范围内的所有对象的共同属性，进而得出一个规律，即概念的外延越大，其内涵就越小；反之，外延越小，其内涵就越大。

（2）概念内涵与外延的训练

概念与语言的关系，是思想内容与语言形式的关系，二者联系紧密，区别明显。一方面，概念须借助语词才能形成与表达。另一方面，语词能表示一定的事物，说出来别人懂，在别人头脑中有相应概念。概念的区别可从以下四个方面训练。

第一，概念必须由词表达，但词不一定都表达概念。表达概念的主要是实词，虚词一般不表达概念。

第二，有的概念由一个词表达，如"建设""社会主义""精神""文明"；有的概念由短语表达，如"建设社会主义精神文明"。

第三，一个概念采用什么语词形式，不是必然的，同一个概念可以有不同的形式。如汉语中的"自行车""脚踏车""单车""洋马儿"（自行车，四川方言）等都是一个概念。

第四，不同的概念可以有相同的语言形式。也就是说，同一语词可以表示不同概念。

2. 判断思维训练

概念是浓缩的判断，判断是展开了的概念，是在概念基础上发展起来的一种更高级、更复杂的思维形式。判断是对事物情况的断定，或者说是肯定或否定客观事物具有某种属性的思维形式。

判断的基本形式是"主词—系词—宾词"。例如，在"开好在北京举办的亚运会是全国人民的共同愿望"这个判断中，主词是"亚运会"，宾词是"愿望"，"是"为系词。

表达概念的语言形式是词或短语，表达判断的语言形式，一般是陈述句，例如，"巴蜀之春是美丽的。"感叹句、祈使句、疑问句一般不表判断。但也有例外，有些感叹句能表判断，如"青城山的夜晚，多么幽静宜人！"反问句是用疑问语气表达更为确定的意义，例如，"我们难道就被这点小小的成绩冲昏头脑了吗？"

判断可分为简单判断与复合判断。

（1）简单判断训练。简单判断又叫直言判断，是只包含一个主词、一个宾词和一个系词的判断。简单判断还可继续分类：根据系词的性质，可分为肯定判断与否定判断；根据判断对象的数量范围，可分为单称判断、特称判断和全称判断。

（2）复合判断训练。由两个或两个以上的简单判断组成的判断叫复合判断。组成复合判断的那些简单判断，叫作复合判断的支判断。

3．推理思维训练

推理是由一个或几个已知的判断推出一个新判断的思维过程。推理由前提和结论组成。前提是指推理所依据的已知判断，结论是指前提通过推理得到的新判断。前提与结论的关系是理由与推断、原因与结果的关系。汉语中的因果复句和含有因果关系的句群，都是表达推理的。根据推理方向、推理形式可分为演绎推理与归纳推理。

（1）演绎推理练习。演绎推理的主要特征是从一般原理或普遍情况推出关于个别事物的结论。演绎推理有三段论、假言推理、选言推理等形式。

（2）归纳推理练习。归纳推理是由一些个别的特殊的事例推出同一类事物的一般性结论的思维形式。教师可结合阅读教学，通过具体课文的段落分析，让学生初步懂得一些推理的思维形式。例如《崇高的理想》第二自然段，先用归纳推理得出结论——理想是有社会性、阶级性的。接着又以这个结论为前提，用演绎推理推出另一结论："因此，我们在谈到理想问题的时候，就要分辨出什么样的社会和什么样的人，而这些人又抱有怎样的理想，然后才能做出确切的评价。"

4．抽象思维规律训练

我们要用口头语言和书面语言准确地表达自己的思想，应该做到概念明确，判断恰当，推理合理。要做到这些，还必须遵守形式思维的基本规律，即同一律、矛盾律、排中律、充足理由律。

（1）同一律训练。同一律是关于思维准确性的规律，即运用同一概念必须保持同一意义，保持同一的外延和内涵，不能偷换它的意义。一个判断，一个论题，也应保持同一性，不能中途任意转换、变更。

（2）矛盾律训练。矛盾律是关于思维首尾一贯的规律，即在同一时间、同一关系上，不能对同一对象做出相互矛盾的判定，否则就会导致思维中的逻辑矛盾。

（3）排中律训练。排中律是关于思维明确性的规律，就是说，在同一时间同一关系上，对同一事物的两个互相矛盾或反对的论断，必须做出明确的选择，肯定其中一个而否定另一个，不能有第三种选择。

（4）充足理由律训练。充足理由律是关于思维根据性的规律，也就是说，一种思想必须有被证实的正确思想作为根据，一种观点必须有已被证实的正确观点作为充足理由，否则这种思想与观点就不符合充足理由律的要求。

以上四条规律相互联系，任何正确的论断与论断体系，皆须同时遵守这四条形式思维的规律，也就是说，这四条规律是统一的，统一于正确的、符合逻辑的思维论断之中。

5. 类比思维训练

在认识客观事物的历程中，有时可按照两类事物的相同属性，推出其中一类事物的未知属性与另一类事物的属性也完全相同，这种思维形式就是类比思维。

类比是一种从个别到个别的思维方法，人们历来很重视它。开普勒把它喻为"自然秘密的参与者"，是自己"最好的老师"。康德说"每当理智缺乏可靠论证的思路时，类比这个方法往往能指引我们前进"。黑格尔说，类比的方法"在经验科学里占很高的地位，而且科学家也曾依这种推论方式获得重要的结果"。由这些言论足见类比在思维中的重要性。

（1）立意类比训练。立意类比，就是抓住异类事物之间的相似点，进行由此及彼、由表及里的分析提炼，以求得与类比事物本质特征相似的道理，从而确立文章的中心论点。

（2）论证类比训练。论证类比法是将两种相类似的事物放在一起进行比较，根据已知事物的某些特点来推论、证明所要论证的事物，它是建立在类比推理基础上的一种求同或同中求异的论证方法。

类比论证与比喻论证的相同点在"比"，都属于比较论证法。相异点在于：比喻论证重在以具体喻抽象，有助于生动形象地说明道理；类比论证则是着重于直接类推事理，揭示所论证事物的内涵，突出所论证事物的特征。

6. 纵横思维训练

纵横思维训练包括纵向与横向两个方面。纵向思维是按时间推移、事物发展变化进程来思考问题的思维方法；横向思维是以一事物为中心，由此及彼、由近及远地向与之相关的其他事物进行广泛联想的思维方法。

（1）纵向思维训练。纵向思维是相对于横向思维而言的，任何事物，从开端、经过到结局，总有一个纵向的发展历程。

（2）横向思维训练。此种思维方法，运用极广。在说明文中以空间转换为顺序的，即可安排横向思维结构。

7. 课堂抽象思维训练

怎样通过课堂教学来训练学生的抽象思维能力呢？可以通过议论文的教

学来培养学生的分析、综合、抽象概括、系统化等抽象思维能力。为了培养学生的综合分析能力，应先与单元教学相结合，就一篇课文来讲，可引导学生做常规性的总结段意、归纳中心思想等练习，就一个单元的学习来说，要引导学生将单元中零散的知识系统化。学期结束时也要对整册课文做综合分析。

课堂中的比较教学，是培养学生抽象思维的条理性、深刻性的好办法。例如，对中学课文中的论证方法加以分析比较，就会认识到归纳法、演绎法、类比法、层递法、引用法等各有何特点，它们在论证过程中，有何作用。这样，就能把握论证的思维流程。

三、辩证思维与语文教学

辩证思维是使运动着的包含多样性规定的客观对象，在人脑中得到再现的思维，即辩证思维从多样性的统一方面去把握运动着的现实世界。

（一）辩证思维含义

（1）所谓辩证思维，就是反映客观现实的辩证法，自觉或不自觉地按照辩证法去进行思维。

（2）辩证思维与思维的辩证法既有区别又有密切联系。思维的辩证法是指思维自身所具有的辩证性质以及思维运动发展的辩证规律。

（3）思维内容的辩证运动与发展，人们认识事物，是从无知、知之较少到有知、知之甚多，从认识部分到认识整体，从认识现象到认识本质，从认识个别到认识一般，凡此种种，这就是从感性具体，通过有目的的思维活动，到思维抽象，再从思维抽象上升到思维具体的辩证运动过程。这一过程通过概念、判断、推理等思维形式的矛盾运动而表现出来。思维的辩证法存在于思维领域，并在其中发生作用，它是认识发展的规律，最终它把客观事物的辩证法在认识中加以再现，这就实现了辩证思维。

（二）辩证思维的特征

1. 全面地统一地认识事物

以辩证思维考察事物，必须看到事物的正面与反面、侧面以至各个方面，由此将事物组成一个统一体去认识，力求从中找出决定事物本质和事物运动发展的特殊矛盾，即找出事物的既相互对立又相互联系的两个方面，把事物当成对立面的统一体来把握。

2. 灵活地变化地考察事物

辩证思维考察事物及事物在人脑中的反映，不是凝固不变的，而是运动变化的。它要考察事物的现状、历史、未来，总是将其作为历史发展全过程中的一个阶段或环节来考察。正如马克思指出的那样，在对现存事物的肯定的理解中同时包含对现存事物的否定的理解……对每一种既成的形式都是从不断的运动中，因而也是从它的暂时性方面去理解。

3. 系统地联系地考察事物

辩证思维考察事物切忌孤立性、片面性，而是看作内部与外部联系的有机整体或系统。以此眼光去考察事物外部与内部诸因素的相互联系，考察一事物与其他事物之间的相互影响与制约。这样，就可把事物放在特定的系统中，进行相互联系的立体的思维。

4. 具体地实践地考察事物

辩证思维是从实践的观点出发，以获得关于认识对象的具体真理的思维。

人们认识到事物及其联系的实践过程，必然制约、影响着辩证思维的全过程。也就是说，要进行辩证思维，必然把实践过程作为思维运动的基础。用实践的观点去研究语文教学的指导思想、原理原则、大纲、教材、教法是否符合教学要求、符合培养目标。只有这样，对语文教学改革才能看得深远，才能解决具体问题。辩证思维是具体的思维，这里的"具体"就是符合语文教与学的客观实际及其规律。

（三）辩证思维训练

辩证思维的任务是把事物的矛盾运动作为一个多样性的统一体在思维中再现出来。为此必须明确：思维须通过思维形式、思维方法的矛盾运动，经历一定的阶段和程序，这些必经的阶段和程序，就是辩证思维的规律。辩证思维既是过程，又是思维的结果，说它是一个过程是指思维活动必须经过一定的阶段才能实现辩证思维，人们一般把实现辩证思维之前的思维运动过程叫辩证思维的过程。辩证思维是思维运动的结果，这从相对意义上说是完成了的辩证思维，它已再现了对象多样性的统一。在多样性的辩证思维规律之中，最根本的一条是对立统一的规律。从唯物辩证法的角度考虑，它对其他规律起着影响与制约的作用，所以，在进行语文教学辩证思维的训练时，应该引起重视。

1. 对立统一思维训练

其一，辩证思维是对客观事物的矛盾运动的反映，辩证思维规律受到矛盾运动规律制约。事物矛盾运动的根本规律是对立统一规律，它揭示了事物变化发展的源泉与动力，是整个宇宙的根本规律。质量互变规律、肯定与否定规律等，都可以说是对立统一规律的具体体现。

其二，一切辩证思维的共同特征，都是应用对立统一的思维方法或思维规律去认识事物。为什么有的人具有很强的思维能力呢？就在于他们能掌握对立统一的规律，从根本上理解和把握思维对象的辩证运动的发展。

其三，在辩证思维的过程中，对立统一规律担任着统帅的职务，辩证思维的形式、方法和其他规律都得听它指挥。比如，辩证思维中的概念，是确定性与变动性、个性与共性、局部与整体的对立统一；辩证思维中的判断，在揭示概念内容的过程中，也必然体现出对立统一的关系；辩证思维的推理，从矛盾一方推知另一方、从个别推知一般、从现在推知未来，同样体现出思维在对立中的运动；再从辩证思维的方法来说，归纳和演绎相结合是对事物个性的认识和对事物共性认识的对立统一；分析与综合相结合是对事物部分的认识和对事物整体认识的对立统一；从具体上升到抽象是思维具体和思维抽象的对立统一；逻辑和思辨相一致，是主观与客观、理论与实践的对立统一。由此可见，对立统一思维规律，是辩证思维的形式、方法得以形成乃至构建辩证思维训练体系的内在根据。

2. 质量互变思维训练

这条规律是对立统一规律的具体体现。事物不仅有质的规定性，还存在量的规定性，我们要学会用质量统一的观点去分析事物。同时，还应懂得事物内部矛盾着的双方互相斗争，可以引起事物不断由量到质、由质到量的变化。认识事物量的积累到一定的程度，就叫引起质的变化，学习用量变与质变统一的观点去分析事物。

（1）质量统一思维训练。课文中反映质量关系的内容很多。如叶圣陶《两种习惯养成不得》，先说好习惯，就有个量的积累过程。"在没有养成的时候，多少要用一些强制功夫，自己随时警觉，坐硬是要端正，站硬是要挺直，每天硬是要洗脸漱口，每事硬是要有头有尾。直到'习惯成自然'，不待强制与警觉，也能行所无事地做去，这些就是终身受用的习惯了。"[①] 有了这样的习惯，就证明量的积累引起了质的变化，质与量就统一起来了。再说坏习惯的养成，也有个量与质的统一过程。

（2）量变引起质变思维训练。量变引起质变的内容，在中学课文中也有很多。就以《劝学》为例，文章首先阐明学习的意义：学习可以改变人的本性，"君子博学而日参省乎己，则知明而行无过矣"。"博学"与"日参省"就是量的不断积累变化过程，变的结果是达到"知明"与"行无过"的道德修养的境界，即发生了质的变化。

3. 肯定与否定思维训练

这一条也是对立统一规律的具体体现。唯物辩证法认为，肯定一切、否定一切都是错误的，只能肯定应当肯定的，否定应当否定的。这就必须学会用一分为二的方法分析事物。

4. 事物的个性与共性思维训练

这一训练主要帮助学生认识同中有异、异中有同的道理，学习从事物的个性与共性的相互关系上分析事物的方法。

个性与共性的思维训练，可结合课文导读、作文讲评、写电影戏剧评论等方式进行。

5. 事物的矛盾与转化思维训练

矛盾存在于一切事物发展的过程中，每一事物的发展过程自始至终存在

---

① 朱永新编：《叶圣陶教育名篇选》，人民教育出版社 2021 年版。

矛盾，要训练学生用矛盾普遍性的观点分析事物。

　　矛盾存在着特殊性，同一事物在不同的发展阶段上具有不同的特点，要训练学生对具体的矛盾进行具体的分析。在众多的矛盾中，必有主要矛盾，要训练学生认识主要矛盾与次要矛盾的关系。要抓住主要矛盾分析事物。事物的矛盾还存在着主要方面与次要方面，要训练学生认识其中的辩证关系，学习用全面的观点分析事物。矛盾在一定条件下可以互相转化，要训练学生用矛盾可以转化的观点分析事物。

　　（1）矛盾普遍性思维训练。课文《谏太宗十思疏》与高中第一册课文《邹忌讽齐王纳谏》都是训练学生认识矛盾的普遍性的好例子。邹忌用自己的切身感受设喻，劝谏齐威王广开言路，纳谏除弊，修明政治，使齐国强盛。在这一过程中，必然自始至终存在着矛盾。怎样解决这些矛盾呢？邹忌先从私事说起，文章用了较多的笔墨写邹忌之妻、妾、客美邹忌，忌自省，随后以私事比国事，让齐威王从两事相似之处受到启发，茅塞顿开。

　　《谏太宗十思疏》写于唐贞观十一年。由于在文治武功上均取得了巨大成就，唐太宗的骄矜心理与享乐思想也随之滋长起来，加重了对人民的剥削，人民颇有怨声。这种君民矛盾具有普遍性。魏徵从实现国家长治久安的立场出发，深入地论述了"居安思危，戒奢以俭"的观点，并向唐太宗提出"十思"作为"人君"的行动准则。这也可说是缓和君民矛盾的普遍性的对策。

　　（2）矛盾特殊性思维训练。矛盾的特殊性，也必然寓于矛盾的普遍性之中，这是矛盾的特殊性与普遍性的辩证统一。

　　（3）主要矛盾思维训练。俗话说，牵牛要牵牛鼻子。认识纷繁复杂的事物就要抓住主要矛盾，处理好主要矛盾与次要矛盾的关系。对此，教师可给一些材料，让学生抓住其中的主要矛盾进行评议分析。

（4）矛盾主要方面思维训练。事物的矛盾存在主要方面和次要方面，要教育学生正确认识这二者的辩证关系。金无足赤，人无完人。伟人也有缺点，但有缺点的伟人还是伟人，这就是抓住了事物的主要矛盾方面。

6. 分析与综合思维训练

从唯物的观点看，大千世界的任何事物都是多样性的统一体，语文教学正是这种统一体的多样性再现。在语文学习中，为了认识事物的本质属性，需要对文章的各个部分进行分解，研究各部分的性质，揭示部分与部分、部分与整体之间的关系，从中看出这些部分是怎样为表达中心服务的。这种经过分解认识事物的思维形式，我们称为分析思维。

在分析的基础上，还要把文章的各个部分进行综合，从整体上去把握文章，这样才能掌握文章的精神实质。这种思维过程，叫作综合思维。分析与综合既有区别，又有联系，在读写活动中，一般不能截然分开，需要将二者结合起来研究其思维训练。

议论文的分析与综合，从一般模式来讲，要经历提出问题、分析问题、解决问题的过程。但每一篇议论文的分析与综合，又有特殊的内容及表现内容的一定的语言形式。例如荀子的《劝学》，开头就提出了"学不可以已"这个综合性的论点，然后首先分析学习的意义，学习可以改变人的本性，"君子博学而日参省乎己，则知明而行无过矣"。这里偏重从道德修养方面阐明"学不可以已"的道理。

7．比较思维训练

这是确定事物相似点与不同点的辩证思维。通过对事物差异、正反、变化等比较，使我们更深刻、全面地认识事物，各种文体均可作为比较思维训练的材料。必须在阅读教学过程中，进行有计划的练习，从而提高学生的比较思维能力。

8．递进思维训练

顾名思义，递进思维属于由此及彼、由表及里、环环紧扣、层层深入、循序渐进的辩证思维。递进思维的思路发展，一般是沿着事物的内在联系，遵循人们认识由感性到理性、由浅入深、由此及彼的思维活动规律，或逐层深入地触及事物本质，或由近及远地步步横向扩展，在这条或纵或横的思路线上，思维步骤一般体现在分论点上，思维联系可用承接、过渡性句段为之。

9．多侧面思维训练

矛盾的事物往往存在着各个侧面，每一个侧面各有特点，要引导学生学习多角度地分析事物、分析问题。

进行多侧面思考并不是漫无目的的，当选准了一定的目标、方向，就要深入、执着地去思考、去研究。就写作来说，要博闻强识，善观察与联想，才能从一定的侧面入手，写好文章。

综上论述，辩证思维是语文学习的重要基础。只有加强辩证思维训练，才能纠正学生在听说读写活动中表现出的片面性、表面性、直线性和绝对化等思维缺陷，才能使学生的思维日渐广阔、深刻、全面、灵活、严密。

四、灵感思维与语文教学

灵感是人类创造性认识活动中一种非常神奇美妙的精神现象。灵感激发仍自觉或不自觉地在语文教学中发挥作用。灵感作为人类一种高级的创造活动、思维活动、心理活动，不管其表现形态多么复杂、激发机制多么奇特，总是有规律可循的。研究这些客观规律，将有助于通过语文教学，诱发学生的灵感，培养、发展学生的创造才能。

（一）灵感的含义

灵感是人的主观世界与客观世界最愉快、最敏感的邂逅，是人的思维活动由量变到质变所产生出来的高度的创造能力。灵感是思维的一种突发现象，是思维活动的一种客观存在。离开对客观世界的"吸入"，就无所谓灵感。

（二）灵感的特点

1. 突发性

灵感可由外界偶然机遇触发，也可由大脑内部思想闪光激发，这一切，都是人们事先不可预料的。

2. 奇异性

灵感来无影去无踪，不能预期，难以寻觅，无论是外界事件的触发，还是内在思想的闪光，都是不自觉的。

3. 综合性

钱学森曾说：灵感是综合性的。人脑的综合功能是非常重要的。综合性是灵感的本质特征之一，灵感激发系统的心理机制就根植于人脑的综合功能之中。具体来说，灵感与随同人类进化形成的遗传因素有关，也与一个人的多才多艺、明白事理、知识积累、形象思维、理性认识等活动有关，因此它是综合性的。

4．不重复性

灵感活动是发生在认识的高级阶段上的心物感应活动，是主观的脑与客观的物在特定条件下的一种突然沟通。每个人所处的环境，所碰到的外界机遇、自身的心理生理特点都不完全相同，因此灵感亦各不相同。

5．跳跃性

创造性灵感是智慧在摆脱了一般的抽象思维的束缚下突然跃出的，它不是一种循序渐进的认识，而是在跳跃性的突变认识卜实现的。

6．模糊性

灵感的心理活动以直觉、情感、潜意识活动等方式综合地表现出来，与大脑右半球有更多联系，因而具有模糊性的特点。灵感活动有利于唤起人们丰富的联想，造就灵活的新形象、新观点。

7．强烈性

这一特性集中反映在文艺创作之中。灵感可以说是文艺家、诗人心灵的巨大震动。它使文艺家、诗人处在极度兴奋的状态，当灵感迸发，甚至忘了自我，也忘了周围的世界。

作为语文教师，应因势利导，拨亮学生的灵感之光，让学生全身心地去拥抱灵感，不失时机地谱写出优美如画的青春之歌。

（三）灵感激发三阶段

从灵感激发过程的实际着眼，大致可分为信息摄入、信息触发、顿悟贯通三个阶段。

1. 信息摄入

一般来说，学生在课内外的学习活动中，有较明确的目的性，这种信息的摄入，属于显意识的摄入。但学生在节假日，或登山观日出，或跳舞唱歌，或联欢聚会，或欣赏文艺演出，情不自禁地受到自然美、社会美、艺术美的陶冶，这种陶冶具有"随风潜入夜，润物细无声"的特点，学生因而摄入了大量潜意识的信息。左脑更多地参与了属于抽象思维方面的显意识的活动，右脑参与直觉思维、求异思维、空间知觉以及艺术欣赏等，是潜意识活动的天地。显意识与潜意识虽然是人脑的两个不同思维系统，但因都要进行信息摄入与输出活动，就具有了共同的特点，而且这二者之间还相辅相成，相互转换，互为表里。大脑摄入的显意识多了，在记忆仓库里储存起来，就可能不断转化为深层次的潜意识；潜意识也可因一定的原因而向显意识转化，以至突然爆发，就出现了灵感。

2. 信息触发

一般来说，灵感的发生，不能坐等其成，而要主动去寻找获取。

诱发灵感的关键是触发信息的有效性。信息触发来自两个方面：一是大量来自外界的信息，一是来自自己头脑中的内部信息。二者交融，往往就成了触发灵感的信息，但信息触发的具体情况则因人而异。有的人在写作过程中，全神贯注，如痴如醉，往往会获得触发灵感的信息。如在考场上，作文时间很短，那些优秀试卷中的作文，常有灵感之光闪现，这是在全神贯注的情况下产生的灵感。有的人平时写作也全神贯注，但并不一定就能获得触发灵感的信息。在百思难以寻觅灵感踪迹的情况下，间歇的休息、娱乐，往往还会召唤灵感的到来。

3. 顿悟贯通

顿悟贯通是指触发灵感的信息出现后，大脑中与创作灵感有关的信息就迅速集中，并使潜意识与显意识同步合一，闪现的灵感之光，一下使作者悟出了贯通其中的意义。

我国近代著名学者王国维在论述古今成就创造性大事业、大学问者所必经的三种境界时，引晏殊《蝶恋花》词说："'昨夜西风凋碧树，独上高楼，望尽天涯路。'此第一境也。"这"第一境"就有点像灵感激发过程的初始阶段，正在通过"独上高楼，望尽天涯路"摄入信息，酝酿灵感。接着，他引柳永《凤栖梧》词说："'衣带渐宽终不悔，为伊消得人憔悴。'此第二境也。"这"第二境"就有点像灵感激发过程的第二阶段，已经抓住了灵感触发的契机。继而他又引辛弃疾《青玉案·元夕》词说："'众里寻他千百度，蓦然回首，那人却在，灯火阑珊处。'此第三境也。"这"第三境"，正好像灵感激发过程的第三阶段，产生了对灵感出现后的顿悟贯通。

（四）灵感思维训练

1. 通过特定事物启迪灵感

灵感可以是人们在丰富的生活体验的基础上，在酝酿、孕育阶段由其他事物的启迪而出现的。

2. 学习新的思维方式

学生为什么会在作文中出现千人一腔、万人一调的被动局面？这和局限于一种固定不变的思维方式有关。如果被固定不变的思维方式束缚，灵感就会枯竭。只有不断用新的思维方式训练学生，灵感才会畅通。

3．善于捕捉灵感的训练

灵感具有突发性、不重复性，所以，要对其保持高度敏感，敏捷地、不失时机地捕捉住这稍纵即逝的心灵的闪光，以供写作之用。

4．学生的灵感要靠教师启发

有位老师为了激发学生的灵感，引导说，古人所谓"山之精神写不出，以烟霞写之；春之精神写不出，以草树写之"。在老师的启发下，学生开始从自己的生活实践中去寻找意境，捕捉形象，比如青年人在松树前的留影，井下煤块上留存的枝叶印痕，一下在脑海里活跃起来，灵感也随之出现了，唤起了生动丰富的联想。

5．语文教学中一些训练捕捉灵感的具体方法

（1）专注法。指摒除杂念、全神贯注、集中思考，终于爆发灵感的方法。《蝉》的作者法国昆虫学家法布尔，一生忘我研究昆虫，写下《昆虫记》一书。

教学时应告诉学生，蝉没有执着的追求，享受不到刹那欢愉；作者没有坚持不懈的努力，写不出这种像散文诗一样优美的语言。我们只有全神贯注地学习、积累，才会厚积薄发，在需要的时候，涌现灵感。

（2）选择法。学生的生活、知识积累有别，心理素质各异。若在学期结束或开学时，将数十道自由作文的题目及写作指导提示印发给学生，学生就有了更大回旋余地去选择时间与空间，就可有目的地到书山学海去采佳蜜，到生活的矿区去发现优质矿——如此去发现、酝酿、构思，在百花齐放的习作中，必然充满了灵感。

（3）放松法。写不出来的时候硬写，必然敷衍成篇；百思不得其解的时候煞费苦心，绞尽脑汁，效果并不理想。那就干脆放松一下，或唱歌跳舞，

或学习其他功课,或干脆睡觉,灵感这不速之客,或许在你精神疲劳消除之后,像春风吹绿原野般闯入你的思绪,很多同学在写作时,都有此切身体验。

（4）点化法。学生写作,有时思路受阻,颇有"山重水复疑无路"之困惑,何谈灵感! 这就要靠教师的点化,经常这样点化,学生在课内外阅读与社会交往中,就可能由于某种闪光的思想或事物的点化、提示作用,而触发创作的灵感。

（5）情境法。在语文审美教育中,教师可有意创造一种气氛、一种情境,在这种气氛、情境的触发下,学生头脑中有关的创作素材,包括沉积在潜意识中的信息,会十分活跃地随灵感一道涌现出来。

灵感思维训练,还处在摸索阶段。可以设想,我们如果能通过科学的教育方式,把学生的灵感激发起来,就能使学生的创造才能得到更好的发展。这就要求我们要在语文教学中提倡灵感思维的训练。

五、直觉思维与语文教学

直觉思维与灵感思维都是非逻辑的思维形式,它们对客观事物的反映与认识,都是突发式的、非自觉的,但也要以知识、经验和其他思维发展为基础。

（一）直觉思维的含义

直觉思维是在早已获得的经验、知识的基础上,凭思维的"感觉"直观地把握事物的本质及其规律的心理过程。直觉可分为艺术直觉与科学直觉,二者的区别主要在感情方面,但都能迅速检验抽象思维的能力。

（二）直觉思维的特点

1. 整体性

直觉是对具体对象的直观，从整体上把握对象。《歌德谈话录》中的一段话很能说明这一特点。莎士比亚最初想到要写《哈姆雷特》时，全剧精神内涵是作为一种突如其来的印象呈现在他眼前的，他从整体上安排全剧的情境、人物和结局。

2. 非逻辑性

这是直觉思维的又一特征。直觉思维往往是凭着对事物直接的觉察，所以思维就不可能按照严谨有序的抽象思维的规律进行。而往往是凭一个人的经验，所掌握的科学知识、学术修养，敏捷的观察力，迅速的判断力，越过逻辑程序，一下获得思维的结果。由于主体的认识来得迅速，因而在客观上对所进行的过程无法做逻辑的解释，即使这种认识是正确的，也说不出个所以然。

3. 潜意识性

直觉思维除了显意识的活动外，更多的时候，还是一种潜意识的思维活动。也就是说，有时它不是人们意识到的自觉的思维活动。

潜意识与显意识之间并没有一条不可逾越的鸿沟，事实上，潜意识就是有意识或显意识的反映。因此，直觉思维的这种潜意识特征，乃是显意识渐进性的中断，这种中断，往往酝酿着、潜伏着新的突破。

直觉思维活动中的潜意识，一旦与中断后新出现的显意识交融，其思维活动就可能取得突破性进展。

4．飞跃性

直觉思维的产生绝非像抽象思维那样有条不紊地循序渐进，而是灵活地、敏捷地、突发式地、跳跃式地到来，鲜明地体现出飞跃性的特点。当直觉思维到来的时候，潜意识中的认识倾向、情感倾向，就会立刻与显意识沟通，瞬间获得直觉思维的满意结果。

（三）直觉思维过程

1．准备酝酿直观感觉

感觉，是人对客观事物个别属性的反映，是直觉思维的必要准备。

2．触发直觉形成知觉

知觉是人在感觉基础上，对客观事物的整体属性的反映。但从审美知觉来看，它应当是这些感觉的个别特征的综合反映。

3．综合思考发展表象

第二层次的知觉形象较之第一层次的感觉形象，虽然不是对事物个别属性的反映，而是对事物整体属性的反映，但毕竟带有反映的特征。而表象形象，已带有综合概括的特征，表象形象的进一步深入发掘，则进入了文学艺术的典型形象的创作过程。

表象指的是人在曾经感知过的事物的基础上进一步形成的形象。客观事物可以不在眼前，但通过一定的符号，如文字、语言等在人的头脑中综合再现的形象，就是直觉表象。

由准备酝酿、直观感受，经触发直觉、形成知觉，到综合思考、发展表象，就是我们对直觉思维过程的初步理解。

（四）直觉思维能力训练

1. 直觉观察能力训练

（1）由物景到情景。这属于直觉观察能力训练阶段，主要培养比物连类、触景生情的直觉观察的灵活性。其主要目的在于根据作文需要，把直觉思维引向一定的对象，使观察成为独立的主动的直觉过程。

（2）由景物到人事。这一阶段直觉思维的培养，主要把对景物、环境、人物的观察描写结合，开拓观察范围与直觉感受的广泛性。观察的范围包括事物的总体、过程、意义与特征。总体，指从运动中观察事物之前，要对事物的概貌、轮廓有个总的直觉印象。要注意观察它的各个部分的组合是否和谐、匀称、合理，以获得较准确的直觉印象，这是认识事物的开始。过程，指要从运动中观察事物。意义，指通过观察揣摩隐藏在事物背后的社会价值。特征，就是要对人与事物的差异、个性进行观察。

（3）由人事到社会。学生有了一定的生活与写作经验积累，就可进行由人事到社会的多侧面观察。中学生由人事到社会的直觉思维能力训练，最好结合学生熟悉的生活进行，以便收到更好的效果。

2. 直觉间歇思维训练

实践证明，我们在阅读与写作中，先对需要解决的问题进行一段时间集中精力的思考，伴随着对解决有关问题的强烈欲望，再休息一段时间，或进行其他学习，或做其他工作，或尽情玩一番，恰恰是在这个间歇时候，凭突然到来的直觉，无法解决的问题一下子就获得了解决。

当然，有时候歇了较长时间，所需的直觉并未出现，这并不足为奇，原因在于直觉的出现有赖于主客观的诸多因素，有的出现快，有的出现慢，有的要经过循环往复的工作学习与间歇方能出现。

3. 直觉艺术思维训练

艺术是通过个别特定的具体形象来表现现实的本质、典型的矛盾冲突，艺术家创造的艺术品，是人的情感生活在时间和空间上的双重投影，它既影响人的情感，又影响人的理智。这种影响，有助于直觉的出现。因此，为了培养学生的直觉思维能力，我们应通过语文教学中的文学艺术教育，适当地引导学生进行艺术实践。

4. 直觉随记思维训练

直觉是一种突如其来的心理现象，它产生的影响是"爆发性"的，顷刻之间"涌上心头"。因此平时应教育学生，随时随地捕捉自己的直觉，并记录下来。否则直觉的内容会很快淡忘，或者淡漠化，就不可能对自己产生多大影响。有的作家、诗人、发明家，随身带着笔和本子，随时将直觉记下，这对以后的创作或发明将极有用处。

语文教学活动中的直觉思维训练还应有所侧重：理论性的课文较适用于抽象思维和辩证思维方面的训练，文学类课文较适宜于直觉思维方面的训练。

同时，直觉思维训练，绝非三天打鱼两天晒网所能见效的，因此必须加强训练的计划性。如写观察日记，就是一种好的办法。另外，学生心不在焉，注意力涣散，也不会有好的直觉思维效果。这就必须激发学生读写的兴趣，良好的直觉思维往往是在如痴如醉的状态下产生的。

六、创造性思维与语文教学

"教育要面向现代化，面向世界，面向未来"，必须在教给学生语文知识的同时，对学生进行创造性思维的培养与训练。

（一）创造性思维的内涵

（1）创造力是指人们具有的从事创造活动的能力。创造力是在丰富知识经验的基础上逐渐形成的，它不仅包含敏锐的观察力、精确的记忆力、创造性思维，而且还包括一个人的心理品质、情感、意志特征等。因此，创造力是在人的心理活动的最高水平上实现的综合能力。

（2）创造性是指思维活动或者体力活动具有的创造活动的特点或倾向，或者这些活动的产品带有的一定的独创性。判断学生的创造能力，不能脱离他们现有的经验与知识水平。

（3）创造过程是指创造性产品的产生过程，它包括：准备、积累，酝酿，灵感、顿悟，完善、表达和实践检验五个阶段，这是从全社会的角度来理解的创造过程。教学活动是一项全新的创造活动，不容忽视。现代教学论特别重视的是学生在自己的知识和经验水平上进行的创造性活动，或进行具有创造性活动的倾向。对这种活动与倾向，语文教师应善于加以正确的引导。

（4）创造性思维是以解决科学或艺术研究中所提出的疑难问题为前提，用独特新颖的思维方法，创造出有社会价值的新观点、新理论、新知识、新方法等的心理过程。创造性思维是一个多层次的思维系统。它是以不同层次的知识信息、不同智力水平为基础建立起来的不同层次水平的新价值系统。知识和智能高低不一样、个体心理素质不相同的人，在创造活动中表现出的创造性也不一样。

（二）创造性思维的特征

创造性思维的特征主要是：积极的求异性，洞察的敏锐性，想象的创造性，知识结构的独特性，灵感的活跃性。

1. 积极的求异性

所谓求异，就是关注现象之间的差异，暴露已知与未知之间的矛盾，揭示现象与本质之间的差别的一种思维，即从多方向、多角度、多起点、多层次、多结果等方面思考问题，并在多种思路的比较之中，选择富有创造性的异乎寻常的新思路。

2. 洞察的敏锐性

洞察是知觉和思维相互渗透的复杂的认识活动。在洞察的过程中不断地将观察到的事物与已有的知识或假设联系起来思考，把事物之间的相似性、特异性、重复现象进行比较，发现事物之间的必然联系，获得新的发现和发明，这也是创造性思维所具有的特征之一。

凡是创造力高的人，必然对客观世界具有高度的敏感，心理经常处于高度积极的觉醒状态，经常发现和提出具有现实意义的新问题，并着手去解决问题。因此洞察的敏锐性是创造思维得以形成的重要心理特征。有了洞察的敏锐性，在语文学习中就能进行积极、周密的思考，对问题正确判断，迅速得出结论。

3. 想象的创造性

创造性思维始终伴随着创造性想象，创造性的想象能不断改造旧表象，创造新表象，赋予思维以独特的形式。想象有时难免带上种种主观预测、虚假和错误成分，但它却是由感性认识上升到理性认识不可缺少的环节。

4. 知识结构的独特性

举凡科学文化教育的创新，皆构建于既有知识结构之基础上。而创造思维的新成果，又是对已有知识的突破与创新。故创造性思维与已经掌握的知识密不可分。然而知识与创造思维能力又各有其内涵，因为创造性思维能力，包容着诸多因素，不仅需知识提供必要的内容，还需知识上升为思想因素与智力因素。否则知识就会成为死板的、凝固的、束缚创造力的桎梏。一般来说，良好的知识结构包括扎实的基础知识、精深的专业知识。

5. 灵感的活跃性

从创造性思维的角度讲，灵感作为一种综合性的突发的心理现象，是人脑以最优越的功能，加工处理信息的最佳心理状态的体现。灵感往往能突破关键性的问题，使兴奋的选择性泛化得到加强，造成神经联系的突发性接通，使思维空前活跃。语文教学的实践证明，那些创造性思维发展较好的学生，灵感思维也较活跃。

（三）创造性思维过程

创造性思维的过程一般可分为准备阶段、实施阶段和成功阶段三个部分。

1. 创造性思维的准备阶段

创造性思维的准备阶段是指在未具体进入创造过程前所进行的主观与客观条件的准备，主要包括以下三个方面的准备。

（1）一般知识与专业知识的准备。各科知识形成一个大的基础系统，语文是这个基础系统的基础，如果语文知识不扎实，其他学科也很难学好，创造性思维能力也不可能得到很好的发展。

"书到用时方恨少，事非经过不知难。"任何做学问的人都曾有过这方面的感受。要发展学生的创造性思维能力，必须拓宽他们的知识面。

（2）一般技能与专业技能的准备。一般技能指听读说写的一般语文能力和进行创造性思维的起码条件，如记忆力、想象力、分析力、综合力等，都是一般技能。一般技能与语文这个专业结合起来则成为专业技能，把这一切结合起来，就构成了学生语文学习的素质。

（3）理想、个性与心理的准备。崇高的理想犹如灯塔，可以照亮创造之路。崇高的理想是强大的动力，可以推动学生战胜困难与挫折，不会因升学考试失利而走向沉沦。个性的健康发展也是学生进行创造活动的必要准备。个性的健康发展要以必要的知识、能力为基础，还要在创造过程中处理好各种关系。发展健康的个性，才能克服各种心理障碍，做好心理准备。

2. 创造性思维的实施阶段

进入具体创造阶段遇到的问题是：创造什么？怎样创造？首先是确定方向、总体设计。确定方向要考虑诸多因素——自己的特长、爱好、条件，应扬长避短，找到自己的恰当位置。总体方向确定后，应选择好具体的课题。选择课题要进行多方面的可行性分析，考虑好相应的方法。

创造性思维活动开始，还应学习有关资料，避免无效劳动，保证创造活动的顺利进行。资料要准确可靠，哪些该用，哪些不该用，师生可共同研讨。

在创造过程中，会有障碍、困难。主客观方面都存在有利与不利因素，应利用有利因素，克服不利因素，争取创造的成功。

（1）在诱发兴趣中创造，例如教《藤野先生》，教师可先指出，该文选自鲁迅散文集《朝花夕拾》，原名《旧事重提》。接着提问学生："鲁迅将'旧事重提'改为'朝花夕拾'，有哪些好处？"一有比较，学生思维就活跃起来，议论一番，方知"夕拾"既反映回忆（"重提"）的特点，又显示"拾取"朝花的情致。同时，鲁迅把青少年时期的生活喻为"朝花"，并说，"带露折花，色香自然要好得多，但是我不能够"，这就使题目诗意盎然，别具情趣，这讨论让学生了解了回忆性散文的诗意和情致，激起了学习的兴趣。学完课文，教师再布置《朝花颂》《童年拾趣》等作文题，学生创造性思维的闸门在兴趣盎然中一下就打开了。

（2）在质疑研讨中创造。创造，需在前人认识的基础上有所前进与突破，教师应善于启迪学生，在质疑研究中碰撞出创造性思维的火花。

（3）在分析、综合中创造。综合分析是思维能力的核心。通过分析，可以进一步认识事物的基本结构、属性和特征，可以分出事物的表面特性和本质特性，深化认识。通过综合，可以完整、全面地认识事物，认识事物间的联系和规律。创造性思维就建立在这种抽象思维的基础上。

（4）在发散中创造。创造性思维是发散性思维与聚合性思维的有机结合。发散需求异，它要求不依常规，寻求变异，从多方求索答案，以避免考虑问题的片面性，使思维不致僵化。发散思维具有流畅、变通、独特三大特征。

3．创造性思维的成功阶段

积极的创造性思维，能取得可喜的收获。就教的方面讲，要通过对创造性思维能力的测试来加以检验，有哪些收获，存在什么问题，以利改进教学；就学的方面来说，通过测试也能了解自己的长处与不足，有利于正确地自我评价，有利于创造性思维能力的进一步发展。

（四）创造性思维训练

1. 思维灵活性训练

思维的灵活性可以从不同角度、不同方面，用多种方法思考问题来进行训练。此外，还有多种表达方法的训练、一题多做的各种设计等方法，可以反复训练思维的灵活性。

2. 想象能力训练

（1）再造想象训练。根据某些描述（图像、语言文字的），在头脑中构造出活灵活现的但又从未见过的事物的形象。如教《故乡》，要求学生根据课文对闰土的形象进行描述，要在脑子里浮坻其形象，仿佛真的看见了闰土一样。

（2）创造想象训练。根据已有的表象，在头脑中构造出前所未有的新形象。要进行创造想象，必须储备丰富的表象，必须善于分析综合。

想象训练的方式很多，下面介绍几种：

第一，类比想象。由此一类事物想象与之相似、相关的另一类事物。"此一类事物"较实，"另一类事物"较虚，具有由浅入深的特点。

第二，因果想象。由事物的原因，想象事物的结果；或由事物的结果，想象事物的原因。

第三，辐射想象。由一事物作为触发点，向四面八方想象熟悉的生活与知识领域。

3. 发散性思维训练

发散点包括材料、结构、形态、组合、方法、因果、关系诸方面，训练的目的是发展思维的流畅性、灵活性、新颖性。

（1）材料发散训练。以某个物品作为"材料"，以此为发散点设想它的多种用途。

（2）形态发散训练。事物有多种形态，如形状、颜色、音响、气味等，以此为发散点，设想出利用某种形态的各种可能性。

以上两种方法主要训练流畅性思维，使学生能迅速而又多角度地回答某一事物的多种用途。

（3）组合发散训练。以某一特定事物为发散点，尽可能多设想与另一事物联结组合之后，所产生的新事物新价值的各种可能性。

（4）方法发散训练。以人们解决问题或制造物品的某种方法为发散点，设想利用该种方法的各种可能性。拿语文学习方法来说，我们可以列举出数十种，这些方法使用得当，可以帮助学生更好地掌握语文知识，促进学生创造性思维能力的发展。

4. 聚合性思维训练

创造性思维是扩散（发散）性思维同聚合性思维的有机结合。只主张发散，而丢弃聚合，则不能提高创造的水平。因此，在语文学习中，应有目的地加强聚合性思维能力的训练。

（1）通过选择训练聚合能力。学生通过多向性的不同角度思考以后，可从所提出的众多假设中选择一个最佳方案。选择的过程中需进行判断与评价，也需进行聚合性思维。

语文教学需精讲巧练。精讲，需在精选教学内容中，聚合精华传授给学生；巧练，需在精心设计与选择练习内容中，聚合精当的题目，指导学生巧练。精讲巧练相结合，才能以少胜多，以一当十，提高教学质量。选择聚合与实施精讲巧练的创造教学法是互为因果的。

（2）通过综合培养聚合能力。综合有正反之别。正向综合，吸取前人智慧精华，探索前人成功的因素再向前创造。语文教学中的综合训练路子很多，如进行议论、说明、记叙、描写、抒情等表达方式的综合训练，教师可据此进行各种创造性的设计。

第二节　语文教学的思维训练方法途径

在人的智力结构中，居于核心地位的思维是整个智力活动的最高调控者。如果思维不能积极参与智力活动，知觉会缺乏理解性，记忆变成机械重复，想象也难对表象进行加工，写作创新将是一纸空文。

语文基本训练包括教师的训导和学生的练习，这两个互为因果的方面有目的有计划地贯穿于语文教育的全过程，而一切语文基本训练无不是在思维指导下进行的。故思维能力的培养与发展，是语文课诸因素的核心因素，是语文课的本质。抓住了思维能力这一主要矛盾，就可推动各项教学工作，解决语文课中的各种矛盾。

根据不同的标准，可以划分出多种类型的思维。语文教学思维训练，应积极发展多种思维，如形象思维、抽象思维、直觉思维、相似思维、辩证思维、创造性思维等，通过这些思维的训练，提高学生多种思维的能力。

思维训练的方法很多，有人总结了28种思维方法：归纳、演绎、类比、扩散、集中、静态、动态、求深、求全、比较、七步、形象、综合、软性与硬性思考、反馈、提问、探索、综摄、系统最优化、模拟、求异、想象、超前、蒙太奇、媒介、全息、拟喻、冷处理及两面神思法。

下面，着重从读写听说四个方面来谈谈语文教学中的思维训练途径。

一、阅读思维训练

阅读能力的核心是阅读中的思维能力。阅读过程始终充满积极的思维活动。同样一篇课文，有的学生读了不知所云，有的只记住内容大意，有的能融会贯通、深刻理解、恰当评价，能否在阅读中积极思维是造成这种差异的主要原因。阅读思维能力主要体现在阅读理解与评价上。

阅读理解既是思维过程，又是思维结果，是阅读思维能力的重要表现。阅读理解是指运用已有的知识与经验，将感知的新信息、新材料联系起来，通过联想、想象、判断、推理等思维活动，去把握阅读材料的内在联系与本质意义。

学生的语感能力，正是在阅读理解与评价的过程中逐步增强的。

当然，阅读理解还需在认读感知的基础上进行，在阅读理解与评价的基础上还有运用能力的培养，均离不开思维活动。

此外，在阅读训练中进行思维训练，还要激发学生的阅读兴趣，使学生集中注意力，处于积极思维的状态，审美情感就自然渗透其中了。这样，才能借助恰当的思维方法，在阅读练习中能动地进行想象与联想、分析与综合、抽象与概括、归纳与演绎、评价与运用。对阅读的时间与质量，应严格要求，要有一定的量和度的规定，并适当提高阅读难度。

二、写作思维训练

写作是反映社会生活的复杂思维过程。从材料收集、主题提炼、内容安排，到语言选用，都离不开思维。

首先，立意的优劣，往往是文章成败的关键。立意要看是否揭示了事物的本质，揭示了文章的思想意义。这就需在收集材料的基础上，反复思考，认真分析，抓住事物的本质，才能做到深入挖掘。

其次，文章的结构，也是鉴别其优劣的标准之一。所谓结构，是指文章的布局谋篇，它要反映客观事物的内在联系及发展规律，通过作者的构思在文章中得到反映。这里有方法与技巧问题，但关键在思路。

加强思路训练，可通过列提纲、表格等方式，让学生正确划分层次段落；还可提供同一题材不同写法，或不同类型不同表现手法的若干文章，让学生分析、讨论、借鉴，以拓展思路。

为此，要注意培养求异思维，使学生的作文构思不受定式束缚，能有新角度、新观点，敢于标新立异。

最后，运用语言的能力是衡量写作能力的重要标志。文章的遣词造句要准确，又有赖于明晰的思维。

在语文教改中，不少教师经多年试验，创立了作文思维体系。他们的构想是：明确创作背景与依据，遵循科学的原则，设计合理的体系模型，进行科学的思维训练。其共同特点在于注意了思维训练体系的整体性、层次性、开放性、适用性。

三、听话思维训练

从培养良好的听话思维习惯入手。集中注意力是听清别人讲话内容的首要条件。进行听话思维训练，要训练学生的听知注意力。听知活动是听话人借助听觉分析器官，在思维的参与调控下，接收、理解、吸收口头言语信息的过程，也是听者把说者的外部言语转化为自己内部言语的过程。要促成这种转化，务必使大脑中枢神经形成"优势兴奋中心"，产生有意注意的意向。因为听人说话，要很快听懂对方的话语，并能很快把握住话语的主次，分清是非，品评好坏，理出条理，筛选出急需的信息，没有高度的注意力和科学的思维是不行的。

训练学生的听知注意力，要求学生开动思维器官，依靠意志力，排除干扰，集中听觉于说者传输的信息，及时抓住声波，敏捷地在头脑形成清晰的印象。这就要养成良好的边听边思考的习惯。如听课听报告，主要是为了获取知识；听人谈话、听讨论发言，主要是为了沟通思想；听演唱诵读，主要是为了鉴赏，等等。认真思考，就会主动排除干扰，使注意力集中，久练成习，效果必佳。检验听知注意力最基本的标准就是是否听清了说话者的意思。听知注意力训练包括四方面的内容。

第一，正确感知语音，听清每个音节，听清音近字和同音字。要能通过积极的思维活动，根据上下句语意和说话场合，准确判断、识别话语的语调、停顿是否准确，并体会说话者的感情色彩。

第二，通过积极的思维，听清说话的内容。如凡属叙述性说话，注意把握事件发生的时间、地点、人物、起因、经过、结果，并分清叙述的事实与说者的评论；又如说明性谈话，要通过认真思考，把握被说明事物的特点与结构，并思考其科学性与实用性。

第三，在听话中培养敏捷的思维能力。学生善于感知外界的语言信息，应进一步通过思维理解外界语言信息的含义。如理解话语中心、谈话目的、说话人的感情、话语的深刻含义，有无通过一定的修辞手段和语言艺术表达的弦外之音、言外之旨等。这一切都要靠对言语的"听知理解力"与思维的敏捷力通力合作、协同攻关。在这一过程中，学生不仅提高了听知理解言语的水平，也会逐渐养成分析思考问题的良好习惯。

第四，独立思考，训练听话鉴别力。客观事物的丰富、复杂，决定了人们对它的认识必然是"横看成岭侧成峰，远近高低各不同"，在层次与角度等方面存在差异、距离。在学习生活中，我们常常会遇到说话人的观点、态度，有时能引起听者的强烈共鸣，有时并不被听者接受，有时甚至会引起听者的反感。这就要求听者对接收的话语通过思维加以分析：说话者的目的动机是什么？观点是否正确？用了一些什么事实和道理来支持他的观点？这些事实与道理是否符合客观实际？总之，只要是听议论性讲话，都要能听出话语的中心意思和说话人的观点，分析支持这些观点的理由与事实，方能对他人的议论做准确的鉴别。在此过程中，听者也培养了独立思考的能力。

听话能力的训练方式很多，一般概括为随机听话思维训练与程序听话思维训练两类。

（1）随机听话思维训练。首先是听知，它包括辨音识义、理解句义语脉、概括归纳说话中心、理解寓意、比较多人发言的异同等思维活动，具体方式可分听想、听读、听说的训练。

其次是听记与听写。听记就是边听边记，包括记纲目、要点、重要内容、原话、边听边想再追记等方式。听写指按照听到的内容，进一步通过思维活动，写出要求的文字，如提要、梗概、说明、简介，乃至感想评论等。

（2）程序听话思维训练。是指有计划地在听话训练中加强思维训练。训练应根据学生年龄与教材内容有计划地安排，结合阅读、说话、写作中的听话训练进行。

此外，还可进行专门的听话训练，其中包括听话过程中的观察力、注意力、记忆力、联想力、想象力、改变听话条件（指能适应较差的语言环境和声音条件的训练）、抗噪声干扰等训练。

四、说话思维训练

说话能力是指运用口头言语表达思想感情的能力。思维水平的高低，决定了说话的逻辑性、条理性、言语的概括能力。

（一）说话能力的构成要素

（1）组织内部言语的能力。人们说话，皆先想后说，边想边说，"想"就是用思维来组织内部语言。思考"为什么说""对谁说""说什么"，这是取得好的说话效果的前提。

（2）快速语言编码的能力。人们说话的过程，就是把内部言语经过扩展进行编码的过程。其条件有三：一是必要的口语词汇储备；二是要掌握把语词按正确次序组合的规则；三是靠敏捷、灵活的思维来调控。

（3）运用语音达意表情的能力。人们说话是把内部言语加以扩展，编码为一定的语句，通过发音器官变成外部语言（有声语言）。说话人善于运用语音、语调、语速、语量的变化表情达意，就会收到理想的效果。这一切，同样要靠敏捷、灵活的思维来调控。

（二）说话训练的方式

朗读、口头复述、看图说话、讲故事、口头作文、口头广播、口头解说、会议发言、演讲、致辞、口头问答、对话交谈、讨论、打电话、口头咨询、口头辩论、访问等，这些训练项目，都要靠思维来组织。反过来，说话训练又有助于思维能力的训练。说话能力的训练，可以说是一种良好的思维训练。首先，通过说话训练，学生增加了语言信息储备，也就是积累。选择思维原料，锻炼了快速选词组句的能力，有利于培养思维的敏捷性、准确性。其次，说话也是思维结果的反馈，有了这种反馈，可修正、补充思想，使之更符合客观实际。如有的语文教师录下学生的即兴说话，再放给学生听，学生自己发现，凡说话结巴、停顿过长、颠三倒四处，一定是思维混乱"短路"所造成的。最后，通过讨论、辩论等说话活动，学生可学习别人好的思维方法、思维模式，培养良好的思维品质。所以，说话与思维训练是相互促进的。

（三）说话与思维训练相结合的方法

如反面相激、两头分说、抑扬评说、试探发问、引喻比方、婉转迂回、曲折答问、补救失言、以牙还牙等，这些方法的使用，均需开动思维器官，寻找恰当的谈话契机，设法打开对方的话匣子，扣住思路、意向谈话，还要根据一定的场合谈话，方能取得好的效果。

（四）语文教师要配合整个学校教育

在培养学生良好的听说读写习惯的同时，教师要言传身教，有计划地训练学生用优美的、符合规范的语言说话；切合实际、诚恳地说话，不说假大空的套话；有条理有层次地说话，不胡言乱语；提纲挈领地说话，不啰唆拖沓；引人入胜地说话，使人感到生动、具体、亲切；不快不慢，随机应变地说话，使人感到机智聪敏；富有启发性地谈话，能开启思维的大门。这就是我们所追求的说话思维训练的理想境界。

以上主要从听说读写四个方面谈了思维训练的途径，它们之间既有独特之处，又存在相辅相成的关系。

第六章 语文教学思维创新能力培养方法实践

第一节 语文教学思维创新能力培养环境的创设

要系统持续地开展培养语文教学思维创新能力的活动，需要多方合力营造良好的培养环境氛围。具体来说包括以尊重个性为出发点的自主学习氛围，促进共同进步的合作探究氛围，实现合理发展的积极创新氛围。

一、创建尊重个性的自主学习氛围

每个学生的大脑都是一个独立的思维系统，体现思维创新能力的形式也各不相同。要有效地发展思维创新能力，应该改变吸收式的教学观。社会要实现各领域的繁荣发展，就不能抑制学生个性化的发展。个性化意味着要正视个体之间的差异性，并且尊重学生的个性。华国栋在《差异教学论》一书中提出在教育教学中要从性格、兴趣和能力三个方面分析学生的差异。皮连生认为个性差异是指人格特征在个体之间所形成的不同品质。他认为人格（个性）差异是一个相对宽泛的概念，人与人之间在身体、认识及情感方面的差异都被包括其中。依据上述观点与教学实践可以看出，年龄和智力相当的学生个性主要存在性格、能力、兴趣和认知等心理层面的差异。教学中语文教师应时时刻刻体现出对每位学生的尊重、理解和信任，平等对待学生，帮助学生树立自信心,启发鼓励学生大胆质疑。学生把自己的心得体会坦诚地告诉教师,积极诚恳地听取教师的建议。这样师生就能够相互吸引,相互包容,营造良好的教学氛围。

二、营造共同进步的合作探究氛围

语文教学思维创新能力的形成不能仅靠一人之力。个人学习需要深入的探究能力,但是个人的探究往往带有片面性,所以合作探究就显得尤为重要。合作探究体现为教师指导学生的经验型探究和学生之间的互助型探究两种形式。

师生之间的探究产生了传统和新兴观点的碰撞,不是为了比较孰优孰劣,而是为了相互积极地影响。学生之间的探究是平等层面观点的交流,这种形式的探究可能存在内容的重合或者冲突,也可能互相补充。教师可以通过设置探究性的问题营造探究氛围,创设启发性的教学情境来调动学生的积极性,并组织学生之间以小组合作等形式展开讨论、分析和总结。思维水平较高的学生与水平较差的学生交流探讨,能够实现相互启发。语文教学课堂上应该进行合作探究,实现教学群体的共同进步。

三、构筑指向发展的积极创新氛围

思维创新能力的高层次体现是学生的创新能力和发展能力,因此要为培养语文教学思维创新能力提供积极创新氛围。创新与发展更多的是对学生精神层面的要求,而阅读教学对学生精神的熏陶是最深刻的。语文教学受到知识和情感的牵引,二者融合影响着学生的思维。为培养语文教学思维创新能力，构筑积极创新氛围应找准着力位置。首先，教学方式要创新，在阅读课堂上教师可以使用幽默风趣的语言和新颖的教学方法；在课后开展丰富的课外阅读活动形式，让创新思想深入学生生活的方方面面。其次，教学内容要创新，教师根据学情来确定教学的内容。最后，积极进行阅读创新实践，将传统与新型的阅读形式结合。为了创设更好的培养环境，还需要学校、家庭和社会通力合作。

第二节　语文教学思维创新能力培养的文体教学策略

语文教学有规律可循，但要以科学深入地理解语文学科的内涵为前提。受应试教育的消极影响，学生并没有真正形成独立阅读和学习的能力。语文在各学科中所占的阅读比重最大，所以语文阅读教学在培养学生思维创新能力上承担了重要任务。本节围绕语文教学常见文体的课堂教学，结合具体的课例探究思维创新能力培养的有效途径。

一、记叙文教学细化阅读，保持思维连贯

1. 明确记叙文培养思维创新能力的方向

记叙文以人、事、景和物为主要写作内容，分为写人记叙文、叙事记叙文和写景状物类记叙文。记叙文作品的共同点是文章中包含着思想情感，要体会其思想的深刻性必须学会阅读文本。所谓学无定法，思维创新能力就是让学生根据实际情况，做到即使没有现成的经验可以借鉴，也能从容自如地阅读。记叙文教学遵循由浅入深的顺序，指导学生做到通读全篇，细读人、

事、景，品读思想。在记叙文教学中培养思维创新能力要细化阅读，保持思维连贯，提升思维创新能力的批判性、鉴赏性和创新性。

2. 自主阅读，注重整体把握和概括信息能力

课前组织学生自读课文两遍，学生在熟悉课文框架的基础上，对人物和事件进行初步感知。这时的阅读是没有目标设定的，学生可以沉下心来，自觉地去阅读课文。自主阅读时学生的思维是自由的，学生的想象力和联想力也真正在发挥作用，也能够生成更多个性化的阅读理解。

3. 指导研读，强化理解能力和思辨能力

课文的研读阶段，重在培养学生的内容理解能力和思辨能力。阅读思辨力发挥，主要体现为学生在自我认知的基础上去辨析文章作者的写法，进而探知文章要传递的思想主张。随着对课文解读的不断深入，个人认知也在不断深入。如果我们只是单纯地阅读而不理解体会，阅读教学也就失去了价值。

4. 发散阅读，提升阅读思想力和思维创新力

在研读课文时，学生已经把握了作者的创作意图。进入再读环节，我们要获得文章的"读者意义"，也就是自己对内容的看法。作者给了文章最初的生命，有人说文章从完成那一刻起就失去了生命，而学生通过思维创新能力感悟语言文字符号，能给文章第二次生命。

二、说明文教学分解要素，整合思维材料

1. 把握说明文培养思维创新能力的方向

说明文的文体特点主要表现为内容的知识性、结构的逻辑性和语言的科

学性，以上都是说明文所呈现的陈述性知识。阅读说明性的文章要从说明的对象、顺序和方法以及语言特色方面，领会作品中体现出来的科学精神和思想方法。说明文教学中将说明要素清晰地分解出来，再融合成丰富的思维材料，能有效提升学生思维创新能力的整合性、发散性和逻辑性。

2．全面收集说明对象信息，提升思维创新能力的整合性

面对纷繁复杂的材料信息，学生一开始的思维肯定是无序的。梳理文章的层次需要找到全面的信息，并有效地进行收集和整合。在上文分析思维创新能力结构要素的时候，就已经提到了此阶段应该发挥阅读思考力的作用。

3．感悟说明文语言，提升思维创新能力的发散性

说明文的语言特点包括平实性和生动性。受说明文的实用性功能影响，学生往往只注重对说明文语言的准确性和平实性的分析，而忽略其生动性。这会造成对说明文语言的片面性理解。说明文教学中有意识地纠正这个问题，可以打破错误的思维定式。

4．理清说明顺序，增强思维创新能力的逻辑性和严密性

在说明文教学中信息整合能力很重要，在此基础上的文本理解才能更加透彻深入。在说明文中出现了大量的科学现象，这些都是说明对象的外在表现。说明文阅读需要结合表象深入科学内核。多数学生能够结合生活实际理解说明文中的现象，做出常理性的归纳。但是要科学地认识其实质，需要我们透过表层去揭示其规律性，培养梳理说明结构的思维创新能力。

说明性文章除了向学生展示一般性的文体知识，也侧重对科学知识与方

法的普及以及科学思想的熏陶作用。在阅读教学中，说明文经常因其说理性和平实性而无法引起学生的学习兴趣。教师在初教说明文的阶段，应该避开纯知识传授的方式。

三、议论文教学剖析逻辑，发散思维角度

议论文与以上文体呈现的思维类型有明显的区别。如在记叙文中体现的思维方式既有直观的形象思维，也有抽象的灵感思维或逻辑思维。而议论文通过议和论的形式行文，以说理性和思辨性见长，回答的是"为什么"的问题。一篇完整的议论文通常包括论点、论据和论证三个要素。

在议论文教学中，教师可以通过提升学生的逻辑剖析能力，培养学生思维创新能力的批判性和深刻性。

四、应用文教学对比迁移，转化思维成果

应用文的主要功能就是为社会生活服务。在课堂锻炼学生的应用文写作能力，可以将学生的思维创新能力与写作思维创新能力顺利连接。通过课堂阅读教学和阅读相关例文，学生可以获得应用文的写作知识和写作能力。

第三节 语文教学思维创新能力培养的评价策略

语文学科的教学评价结合语文教学模式制定，是检测教学成果的主要方式。近年来随着对学生课堂地位的关注，教学评价更加关注学生情感与智力的协调性发展。出于语文教学思维创新能力培养的现实需要，相关的教学评

价体系也应建立起来。语文教学评价的现状是评价形式在不断增加，但是实际使用却呈现单一化与传统化。单一传统的教学评价形式会造成评价结果出现不公平的现象，进而影响学生学习语文的积极性。因此，针对培养思维创新能力的语文教学的评价要体现公正性、全面性与灵活性，做到评价依据的合理化、评价内容的针对性和评价方式的多样化。

一、评价依据要合理化

教学评价主要依据学生的课堂表现、课下反馈练习和考试成绩等。学生在课堂上的表现主要是听课的专注程度，对教师问题的反应速度，课堂笔记的条理性和完整度以及与同学之间的合作探讨等。这些表现都需要在教学过程中及时评价，所以教师要认真观察学生的课堂反应。当在课堂某一环节中学生出现困惑的学习状态时，教师应及时调整教学思路以适应学生的思维。对课堂表现专注的同学提出言语或者展示奖状等形式的表扬，对课堂表现异常的学生要详细了解原因再深入交流。课下反馈是对课上学习情况的摸查，教师可以采用谈话的方式，了解学生的学习进展，也可以发放限时训练，并及时批阅反馈给学生。目前对学生阶段性的教学评价主要依据考试成绩。考试面向学生，体现公正性，但也不能排除中途出现意外而影响成绩的情况。所以还应该结合学生近期课堂学习的表现、其他学科教师的反馈、学生家长和同学的意见，对其做出合理评价。

二、评价内容要有针对性

语文教学随着课程改革也在更新教学内容，因此应对学生的教学评价内容不断调整。不同阶段学生思维水平呈现不同的特点，评价的内容也要具有针对性。让评价者和被评价者能根据评价内容，清楚地了解学生语文学习发展状态。对学生的评价内容在全面的基础上，一定要有所侧重。首先是学生基本学习任务的完成情况，这时评价的内容要求一致，以实现学科基础的全面夯实。其次在能力提升阶段，对学生学习的优势部分要做出鼓励性评价，薄弱部分也要适当做出引导性评价，实现突出所长，补足短板。最后还要注意对学生学习过程中的突出表现做正面评价，让学生肯定自己，建立自信心。

三、评价方式要多样化

教学评价按时间分为课中评价和课后评价。教师的课中评价方式又可以分为语言性的评价和非言语性的评价。在语文教学课堂上教师对学生进行的语言评价主要是鼓励和正面引导。如教师可以对经常发言的学生给予表扬，要求其他学生以积极发言的同学为榜样；对经常积极发言的学生在语言鼓励的基础上，可以做深入性的引导，增强其语文思维的深刻性和发散性。课堂上教师的非言语性评价主要是借助教师的面部表情和肢体语言实现。在学生精彩的发言结束后，带动其他同学鼓掌，促使学生继续积极地发挥思维创新能力；在学生表述出现停顿时，应该适当等待学生思考，并以微笑和眼神鼓励其继续回答。教师对学生的评价是指导性的，还可以让同学之间展开互助性的评价，实现评价者和被评价者思维创新能力的互相影响。

　　学生思维正处于形象思维向抽象思维过渡的关键时期，语文教师在教学中营造良好的培养氛围，采取合理的教学手段和评价方式，能极大地促进学生的思维创新能力发展。

参考文献

［1］彭晓萍.探索新课标下中职语文教学方法的改革与创新路径［J］.华夏
　　　教师,2023（9）：70-72.

［2］陈育来.浅议小学语文作文教学方法的创新［J］.数据,2023（1）：
　　　245-246.

［3］何素红.创新教学方法,提高语文课程教学质量［J］.亚太教育,2022
　　　（22）：73-76.

［4］李其友.新课改下初中语文教学思路与方法的创新实践［J］.华夏教师,
　　　2022（27）：67-69.

［5］刘萃华.创新小学语文教学方法优化课后巩固的有效途径探析［J］.华
　　　夏教师,2022（24）：58-60.

［6］赵国威.浅谈新形势下中职语文教学方法的改革与创新［J］.科学咨询
　　　（教育科研）,2021（11）：79-81.

［7］王皓乐.语文课堂创新教学方法初探［J］.文学教育（上）,2021（7）：
　　　106-108.

［8］杨志成.中国传统茶文化在小学语文教学方法创新中的应用［J］.福建
　　　茶叶,2021,43（6）：82-83.

［9］徐慧.浅议小学语文作文教学方法的创新［J］.科学咨询（科技·管理），

2021（2）：271-272.

［10］王娜嘉.新形势下中职语文教学方法的改革与创新研究［J］.现代职

业教育，2021（5）：176-177.

［11］蔡克喜.关于小学语文阅读教学创新方法的分析［J］.科学咨询（教

育科研），2020（11）：123.

［12］柳琳，高春燕."后疫情时代"高中语文网络教学创新方法思考［J］.

名作欣赏，2020（23）：84-87+96.

［13］昝英.新形势下中职语文教学方法的改革与创新［J］.中国新通信，

2020,22（15）：177.

［14］李永沛.初中语文教学思路与方法的创新研究［J］.科教导刊（下旬），

2020（12）：160-161.

［15］卢海军.特殊教育语文创新教学的方法措施［J］.冶金管理，2020（5）：

222-233.

［16］姚英华.中职语文教学方法的改革及创新研究［J］.科教导刊，2020（6）：

67-68.

［17］胡彩薇.新形势下中职语文教学方法创新研究［J］.现代职业教育，

2020（4）：214-215.

［18］孙瑜.中职语文教学方法创新教育研究［J］.科技风，2020（1）：

52+57.

［19］崔飞艳.深度融合，方法创新：音乐媒体与小学语文教学深度融合的
方法［J］.北方音乐,2019,39（22）：152-192.

［20］聂莲.如何创新高中语文教学方法［J］.科学咨询（教育科研）,2019
（11）：179.

［21］袁永红.新课改背景下的语文教学方法改革与创新［J］.文学教育(下),
2019（11）：56-57.

［22］胡湘利.语文"读写"有讲究：试析教师创新教学方法对学生学习的
促进作用［J］.才智,2019（30）：139.

［23］张振华.创新教学方法 凸显中职语文职业教育的特色［J］.科学咨询
（科技·管理）,2019（9）：108.

［24］吴冬梅.中职学校的语文教学方法创新性研究［J］.职业,2019（17）：
110-112.

［25］王冬玲.谈中职语文教学方法的改革及创新研究［J］.才智,2019(13)：
37.

［26］孙张.基于创造性思维的高中作文教学的研究［D］.武汉：华中师范
大学,2016.

［27］杨泉良.语文教学的当下视野［M］.广州：暨南大学出版社,2012.

［28］傅丹萍.语文知识教学方法创新研究［D］.上海：华东师范大学,
2008.

［29］耿百龙.中学语文阅读教学的探索与研究［D］.长春：东北师范大学,
2006.